《 我们深圳 》
首部全面记录深圳人文的
非虚构图文丛书

MEMORIES OF THE CHUNG YING STREET

中英街往事

特区中的"特区"

◎ 孙霄/著

深圳报业集团出版社

由梧桐山伯公坳远望沙头角和大鹏海湾（摄于1978年 中英街历史博物馆 提供）

an-tin
Tai-pak
Lau-tsai
樓仔
橫排
顏
Wang-p'ai-ling
嚴顏
Tng-tau-bn

ju-t'au
龍泅頭
大山
Tai-shan
梧桐山
Ng-tung-shan

ng-hang-wai
ng-ha
u
圍塘頭
Ün-tan-tan
時逵
Om-kan
Sha-tsing
Lin-t'ong
蓮塘
口逵
Kang-han
Au-tan-tan
Lin-ma-hang
蓮麻坑
嘖山
圍工
Shan-tsin
Kuh-lo
ha
ng-ün
新村
Sheung-wai
Tam-shui-hang
San-tsun
大湖
Shan-t'ong
Sha-tan-kok
沙頭角
辛頭
Tai-long
U-skek-kok
Ing-jeung
蒿屋邊
Man-nk-pin
Yeung-ngak-t'an
An-ha
巴下
Ma-chuk-ling
Fung-ha
Jim-tsa-ba
禾坑
Wo-hang
Pin-po-mi
平海屋
Luk-king
鹿頭
Kai-kuk-shui
ha
南
Nam-chung
Nai-tung
nk-hang

1866年意大利传教士西米恩·佛伦特里绘制的《新安县全图》（局部），地图标有沙头角地名及周边区域（刘蜀永 提供）

1899年中英勘界代表和随行人员在沙头角伯公坳勘界（中英街历史博物馆 提供）

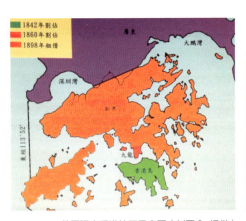

英国强占香港地区示意图（刘蜀永 提供）

行驶在珠江口的英国皇后号汽船，该船于
1840年抵达珠江口（中英街历史博物馆 提供）

1899年沙头角边境的清朝关厂守卫
（中英街历史博物馆 提供）

1949年10月沙头角解放后，中英两国在中英街三号界碑设岗情形（杰克·伯恩斯 摄，中英街历史博物馆 提供）

20世纪80年代在中英街购物的人流（何煌友 摄，中英街历史博物馆 提供）

1997年7月1日，香港警方在罗湖口岸降下英国米字旗（吴峻 摄，中英街历史博物馆 提供）

1997年7月1日，香港警方在罗湖口岸升起香港特别行政区区旗（吴峻 摄，中英街历史博物馆 提供）

1997年7月1日零时，中国三军仪仗队于香港会展中心升起国旗和香港特别行政区区旗，象征着中国政府恢复对香港行使主权（高添强 提供）

012

《我们深圳》

《我们深圳》?

是的。我们,而且深圳。

所谓"我们",就是深圳人:长居深圳的人,暂居深圳的人,曾经在深圳生活的人,准备来深圳闯荡的人;是所有关注、关心、关爱深圳的人。

所谓"深圳",就是我们脚下、眼前、心中的城市:是深圳市,也是深圳经济特区;是撤关以前的关内外,也是撤关以后的大特区;是1978年以来的改革热土,也是特区成立之前的南国边陲;是现实深圳,也是过去的深圳、未来的深圳。

《我们深圳》丛书,因"我们"而起,为"深圳"而生。

这是一套"故园家底"丛书,它会告诉我们:深圳从哪里来,到哪里去,路边有何独特风景,地下有何文化遗存。我们曾经唱过什么歌,跳过什么舞,点过什么灯,吃过什么饭,住过什么房,做过什么梦……

这是一套"城市英雄"丛书,它将一一呈现:

在深圳，为深圳，谁曾经披荆斩棘，谁曾经独立潮头，谁曾经大刀阔斧，谁曾经侠胆柔情，谁曾经出生入死，谁曾经隐姓埋名……

这是一套"蓝天绿地"丛书，它将带领我们遨游深圳天空，观测南来北往的鸟，领略聚散不定的云，呼叫千姿百态的花与树，触碰神出鬼没的兽与虫。当然，还要去海底寻珊瑚，去古村采异草，去离岛逗灵猴，去深巷听传奇……

这是一套"都市精灵"丛书，它会把美好引来，把未来引来。科技的、设计的、建筑的、文化的、创意的、艺术的……这座城市，已经并且正在创造

如此之多的奇迹与快乐，我们将召唤它
们，吟诵它们，编织它们，期待它们次
第登场，一一重现。

这套书，是都市的，是时代的。

是注重图文的，是讲究品质的。

是故事的，是好读的，是可爱的，
是美妙的。

是用来激活记忆的，是拿来珍藏岁
月的。

《我们深圳》，是你的！

胡洪侠
2016 年 9 月 4 日

总序

序

历史是一个民族的记忆。

1840年，英国国会以271票对262票的微弱差距，通过了对中国的军事行动议案。这是世界第一强国向东方大国的宣战。这场战争被学者比喻为：中华民族加入世界的悲壮方式。

战争的起因源于两种植物：茶叶和鸦片。但它背后隐藏的却是贸易逆差带来的苦果。一般而言：当货币流通的平衡遭到破坏后，接下来就是冲突的开始。

在这场持续了两年，由鸦片引发的陆地和海域的战争中，大清王朝不仅吞下了失败的苦果，而且还与英国签订了中国近代史上第一个不平等条约《南京条约》。英国先后占领了香港岛和九龙半岛。中国从此陷入半殖民地半封建社会的深渊。

1840年因此成为中国近代史的开端之年。

英国经过与清廷交手，知道自己的对手只

是一个外强中干的封建王朝。1895年，当清朝北洋水师，这支当时亚洲最强大的舰队，在甲午战争中全军覆灭后，英国趁机向清朝提出展拓香港界址问题。

1898年，李鸿章和英国驻华公使窦纳乐签订了中英《展拓香港界址专条》。次年3月，中英两国勘界代表来到沙头角勘界。勘界之后，在一条干涸的河床上逐渐形成了一条小街，它就是中英街的雏形。

中英街是深港之间的边界线。勘界后，书有"大清国新安县界"的界桩，把沙头角分为华界和英界两部分。此后两边的华人居民经历了整整100年家园分离的历史。

1899年3月18日，沙头角勘界结束，英国以"租借"为名从新安县攫取了从沙头角海到深圳湾之间最短距离直线以南，割占地九龙界限街以北的广大地区，以及附近岛屿和大鹏、深圳两湾水域。租借地陆域面积975.1平方千米，包括大屿山大小岛屿235个，其陆地面积较原来香港行政区陆地面积扩大了约11倍。

世界上有4条分裂线，它们是德国的柏林墙、朝鲜的三八线、越南的贤良桥和中国的中英街。唯独中英街，经过100多年的变迁和发展，已从单纯的军事分割线转化成为中国改革开放的窗口。

　　19世纪初，英国在世界寻找市场时与沉睡中的中国相遇。但固守闭关锁国的大清王朝并不了解世界发生的变化。就连1793年英国特使马嘎尔尼为通商前来的"和平之旅"，也遭到乾隆皇帝的拒绝。所谓"普天之下，莫非王土，率土之滨，莫非王臣"。在封建社会，皇帝说了算。

　　鸦片战争虽然唤醒了沉睡中的中国，但接踵而至的"戊戌变法"和"洋务运动"均在旧势力的阻挠下以失败而告终。一个仍处在封建体制和皇权之下的国度，能够在"师夷长技以制夷"的"自强"中得到"自救"吗？

　　孙中山先生领导的辛亥革命推翻了中国两千年的封建帝制，建立了中华民国，极大地推进了历史进程。中国共产党诞生后，高举反帝反封建的伟大旗帜，在抵御外敌入侵和社会主义建设中，成为中国革命的中流砥柱，建立了独立、自主的人民共和国。

　　1978年12月，党的十一届三中全会胜利召开，作出了拨乱反正和坚定走改革开放道路的正确抉择。30多年来，中国社会已经发生了翻天覆地的变化，朝着实现中华民族伟大复兴的中国梦和"两个一百年"的宏伟目标前进。

　　中英街不仅是中国百年近代历史的缩影，也是中国改革开放、香港回归祖国，以及中国人民奋发图强的历史见证。我们今天回忆这段历史，正是为了居安思危，以史为鉴，铭记教训和面向未来。

《中英街往事：特区中的"特区"》，将伴随您走进这条250米长，三四米宽的小街。让您重温小街沧桑，体验客家风情，聆听渔歌唱晚，回忆"购物天堂"，感悟中国历史文化名街——中英街的荣辱变迁和家国情怀的故事。

是为序。

孙　霄

2017年4月16日

目录
CONTENTS

沙头角有一条连接香港的小街——**中英街**，它就像一条充满魔力的丝带，将深圳和香港紧密连接在一起。

第一章
古镇沙头角

一脉相连

深圳东部有一座海拔943米高的山——梧桐山，它犹如一只振翅欲飞的大鹏雄视南海。它嵯峨霄汉，迎风抖擞地耸立在海天之间。古人曾这样描述它："梧桐山，高倚天，冬来积霜雪，雨后多云烟。山中奇植人争宝，茏葱之竹龙须草。更有梧桐栖凤凰，紫云枝叶年年好。我欲剪梧桐，制琴献穆清，坐弹南熏歌太平；又欲招凤凰，来仪天子庭，效灵堪与龟龙并。风兮不来梧桐老，月极空山无尽情。"这首诗不仅记载了梧桐山的山貌特征和山上的梧桐异草，还表明了诗人准备以梧桐制琴献给神灵穆清，歌颂人间太平，再招来凤凰栖息。传说山上有天池，天池深不可测，而山上的茏葱竹和龙须草更是当地的宝贵资源。

发源于梧桐山牛屎岭的深圳河，自东北向西南流入深圳湾，是深圳的母亲河。19世纪末，英国殖民主义者在新界划界后，这条母亲河成为深港两地的界河。从此，曲折蜿蜒、奔流不息的深圳河把新安县一分为二。深圳河不仅见证了香港被分割的屈辱，也见证了深圳建立经济特区从封闭走向开放，以及香港回归祖国后，深港两地人民携手并进，共创辉煌的历史。

沙头角位于梧桐山脚下的大鹏湾畔，分布多个客家村落。鸦片战争爆发前，它属于广州府新安县管辖。那时，中英街还没有形成。

中英街是19世纪末，英国殖民主义者展拓香港界址及新界北部勘界的产物，是在漫长的岁月中逐步形成的。

1899年3月16日，中英两国派员来到沙头角勘界。此前，沙头角一

古镇沙头角（郑中健 摄，深圳美术馆 藏）

直属于新安县六都所管辖的一个乡。18日勘界结束后，沙头角被一分为二，形成了"华界沙头角镇"与"新界沙头角乡"两部分。"华界沙头角镇"位于今深圳市东部盐田区，距市中心约12千米。它东起南湾嘴海岸边，西到石狗应河沥、伯公坳河沥，与香港新界相连，南至沙头角

中英街往事

特区中的「特区」

湾，总面积12平方千米。"新界沙头角乡"则位于香港东北，北与深圳市盐田区沙头角连为一体，西接打鼓岭、粉岭，南接大埔，东临大鹏湾。

沙头角历史悠久、人杰地灵。传说"梧桐山"和"八仙岭"（梧桐山位于深圳一侧，八仙岭位于新界一侧，中英划界前曾为新安县的两个山脉）是两兄弟。有一天，两人用一杆秤抬了一头猪去赶墟。由于猪很重，在秤杆上的重量不平衡，秤杆突然折断了。秤杆折断后，秤盘飞走变成了"天光墟"（即在东和墟之前摆地摊的墟市）；秤杆上的3个提钮分别变成了3棵榕树（榕树分别位于今桥头街社康门诊部外、天后宫门前和吴氏宗祠前）。由于秤砣最重，秤杆断后弹到了大梅沙，变成了砣背（山名），秤杆则留下来成为今天村庄

20世纪80年代初的沙头角全貌，远处新界的山脉就是"八仙岭"（中英街历史博物馆 提供）

20世纪80年代中期，中英街成为闻名遐迩的购物天堂（中英街历史博物馆 提供）

所在的"沙栏"（长形沙坝）。

他们"兄弟二人"为此发生了激烈争执，动手打了起来。"梧桐山"一掌击去，"八仙岭"顿时矮了半截。"八仙岭"不服气，伸出五指大爪抓了过去，这五指大爪顿时在梧桐山南坡上留下了5道深深的指痕，顷刻间变成了5条河流。据说，它们就是梧桐山南侧的正坑河、横坑河、暗径河、高碑河和布狸河（本地土名）。

在梧桐山和八仙岭之间是美丽的大鹏湾，而沙头角就在大鹏湾畔。如今从深圳驱车东行，穿过梧桐山隧道就到了。而古时，从深圳到沙头角并非易事。古代沙头角，地处边关，人烟稀少，居者寥寥。近代沙头角，却因曾遭受英国殖民主义侵略，领土分割，家园分离。

今天我们看到的沙头角早已不是20世纪六七十年代人们相传的"深圳只有三件宝，蚊子、苍蝇、沙井蚝；十室九空人外逃，村里只剩老和少"旧面貌。现代沙头角曾以深圳的窗口地位引领改革开放风气之先，在特殊的地理位置上开创了特殊的商贸业经营模式而闻名遐迩；因其快速发展的边贸经济，巨大的物流、人流和商品免税一条街，成为无人不知、无人不晓的"购物天堂"。琳琅满目、价格低廉的中外商品，曾使沙头角这个岭南小镇为无数游客所向往。

20世纪80至90年代，是沙头角对外开放最具广泛影响的阶段。这一时期，中英街商贸业的迅猛崛起吸引了国人的眼球。沙头角被人们誉为"特区中的特区"。游客们曾相传："到深圳不去沙头角等于没来深圳。"因为，中英街成为人们向往的"购物天堂"。

改革开放初期，这里出现了许多令人仰慕的第一：全国第一家保税工业区——沙头角保税工业区；全国首家农民股份制企业——沙头角群利股份有限公司；第一个"一街两制"人文历史景区，都相继诞生在这片"敢为天下先"的热土上。与沙头角相倚的盐田港正在以跨越式发展的步伐，成为世界上单体最大的集装箱码头。

沙头角和中英街，你中有我，我中有你，在历史的进程中它们相互依存。中英街不仅见证了19世纪末英国殖民主义者瓜分中国领土的屈辱历史，同时也见证了改革开放后沙头角作为"天下第一镇"所取得的辉煌成就。作为深圳经济特区对外开放的窗口，中英街还见证了中国对香港恢复行使主权，成功实践"一国两制"的辉煌历史。

美丽传说

　　沙头角曾流传着一个美丽的传说。清朝末年，新安县城有一位官吏乘着轿子前来东部视察。清晨，当轿夫登上梧桐山顶时，天刚麻麻亮。这时，只见远处的地平线上，一片银光闪闪的沙滩之端，一团火球般的太阳正从东边冉冉升起，月亮却还悬挂在海角。官吏顿时被眼前的美丽景色所陶醉。他诗兴大发，走出轿子，脱口吟出了"日出沙头，月悬海角"的诗句。

　　根据当地民间传说，这句诗就是沙头角地名的由来。这一传说在当地广为流传。即使在今天，当你站在梧桐山罗沙盘山公路一侧向大鹏湾方向眺望时，海上日出的光芒，照射着跌宕起伏的山峦，海天一色的美景即会扑面而来，让人流连忘返。

　　其实，早期地名的命名多与当地地理、地貌的形象描述有关。就"沙"字而言，应是一块"泥沙沉积的陆地，如落禾沙；在珠江三角洲亦指围海而成的田地，如万顷沙"。对"角"字的解释则有"突出的陆地尖端，如黄竹角"。沙头角附近的盐田墟，现在仍保留"沙头"地名。而沙头角正是经过多年形成的一片泥沙沉积的陆地且有尖端之形。从地理、地貌角度解释地名具有一定的科学性。

　　据沙头角沙栏吓村的客籍老人口述：沙头角即指当地的地理形状。如果站在高山鸟瞰，海边那条呈东南至西南的条状的"沙栏"正是"沙之头"，而"沙栏"与八仙岭之间的海湾所形成的夹角就是"海之角"。

"日出沙头，月悬海角"，据说
沙头角的地名源于一个美丽的传说（中
英街历史博物馆 提供）

沙栏吓村是位于沙头角镇内唯一的客家村庄。有关沙头角的地名，在沙栏吓村吴天其村长保存的《吴氏族谱》中也有记载。清同治年间修订的《吴氏族谱》序言中写道，"清朝康熙年中叶，八十八世祖吴尚儒南迁至新安县大坦垌沙头角乡定居，为沙栏吓村的开村始祖"。以此推断，如果从1693年算起，沙栏吓村吴氏家族迁居沙头角已有300多年的历史。中英街最早的原住民就是沙栏吓村的吴氏客家人（资料图片）

沙栏吓是沙头角镇的客籍村庄的名称。但长期以来，大家都说不清楚该村庄名称"沙栏"后的"吓"字是什么意思。沙头角沿海地区有"吓"的地名不少，像"西山吓""官路吓""盐寮吓"和"盐灶吓"等地名均有口字旁。为何要在"下"字旁加一口字呢？据沙栏吓村耆老说：最早迁来这里的本地人，定居在有农田的地方，像新界的邓氏家族、文氏家族等是最早来到新界的先民。客家人称本地人"得仔佬"。在客家人眼里，那些人有钱、有文化。而客家人没有什么文化，迁来当地后受人欺负。比如：客家人要买房买地，他们就在地契上写着简单字句，即"什么地方、房屋一间……卖上下"，即房屋土地一起卖的意思。后来更多的人迁过来，他们觉得卖得便宜了，怕客家人变成大地主，于是就更改地契。本来是"卖上下"，他们在"下"字加了一撇，再加"卖下"两个字，就变成了"卖上不卖下"。卖了一间房屋，地却没卖给你，客家人被人家骗了。这样一来，一传十、十传百，以后客家人和人家再做房屋买卖，凡地名有"下"字，左边就加一个口字旁，"下"字加一个口字旁就改不了。这就是"沙栏吓"村名中"吓"字由来的传说故事。

中华人民共和国成立初期沙头角镇内沙栏吓村庄（郑中健 摄，深圳美术馆 藏）

考古发现

　　考古发现和古代文献资料证实，沙头角是一个历史悠久的地区。1956年，广东省博物馆的考古人员在沙头角附近的墨鱼坳和蒙仔山，发现了新石器时代晚期遗迹，采集的陶片有夹沙黑陶和泥质灰陶，纹饰有绳纹、曲折纹、方格纹；石器有石斧、石锛、石环；还发现了陶纺轮。它说明，沙头角地区有人类居住的历史比人们的推想更为久远，可以追溯到6000多年前。

　　考古人员在沙头角东部的大小梅沙，多次发现新石器时代中期和先秦时期的墓葬和出土文物。1980年广东省博物馆调查发现小梅沙古代沙丘文化遗址。1980年至1992年，深圳博物馆考古队在大小梅沙沙丘遗址先后发掘并出土了彩陶盘和青铜器。2001年春，为配合大梅沙人工湖建设，深圳市文物管理委员会办公室、深圳博物馆和中英街历史博物馆联合发掘了商及春秋时期的18座墓葬。这些重要发现，加深了人们对当地历史的认识。它告诉后人，先秦时期的沙头角地区，百越族的先民们创造了本地的古代文化。这一文化在其进程中虽然晚于中原地区，但从大梅沙的发现来看，先秦时期，这里的文化是基本连续和发展的。它向我们描绘了一幅早期人类在深圳东部地区生产和生活的状况。

　　深圳已有7000年人类拓荒史，秦汉时期属南海郡番禺县和博罗县。汉代在今南头城建有"司盐都尉"。东晋咸和六年（331年）在今南头城建立了东官郡和宝安县，成为深圳城市历史的开端。从那时起，中原客家籍人士陆续南迁至此。

小梅沙出土的新石器时代的镂空彩陶盘（深圳博物馆 提供）

大梅沙村商代墓葬出土的有领玉璧（孙霄 摄）

大梅沙村东周墓葬出土的几何印纹陶器（中英街历史博物馆 提供）

大梅沙沙丘遗址出土的青铜器平口骹矛（深圳博物馆 提供）

"唐肃宗至德元年（756年），岭南道首设节度使。次年，在原宝安县辖地设东莞县，香港从此隶属东莞县，上属岭南道广州都督府。"同时，"唐朝还在海边屯门（今香港屯门）置军镇，兵额三千，以守提使一员管辖。管辖地域包括深圳宝安区沿海及新界一带，受南海郡守指

清初新安县迁海复界图（深圳博物馆 提供）

挥"。此后一直是广东在珠江口的海防重镇——"粤海门户"。

宋元时期，内陆地区不断有人开始迁居沿海一带居住。深圳考古人员在大梅沙发现了宋代合葬墓，两个瓮棺葬在一起，为夫妻迁葬。它证实了早在宋元时期陆续有人口南迁本地居住生活的历史。"明代军事上实行了卫所制度，广东全省共设15卫，下辖100余千户所，今香港地区分属设于东莞千户所和大鹏千户所。"

明万历元年（1573年），析东莞县，设置新安县。新安县管辖今深圳、香港等地区（今龙岗区大部分属归善县）。这一时期，沙头角在地域上被划归"六都"管辖。

　　"清康熙元年（1662年）三月，清廷勒令立界，期限三天，内迁五十里，界外尽夷房地，空其人，越界者斩，新安县属地迁界三分之二。清康熙五年（1666年），新安县因内迁，属地人丁大减。新安县并入东莞县。"居住在海边的沙头角乡民背井离乡，田地一片荒芜，人民深受磨难。

　　清康熙八年（1669年），清廷宣布废除"迁界令"，并恢复新安县，史称"迁海复界"，鼓励原住民返乡耕种，发展生产。因原住民返乡者少，故又发布"招垦令"，清政府对从外地新迁入的乡民采取了许多优惠政策，或赠牛、或赠种、或免征地租等。这一时期，有大量来自江西、湖南、福建和广东潮州、惠阳以及粤北山区的客籍人士迁居于此。这一时期，新安县沿海一带的迁入人口和新建村落均有了新的发展。沙头角镇内吴氏家族的祖先吴尚儒率领族人跋山涉水，从博罗来到沙头角开基立村。陆续迁来的还有担水坑温氏，山咀村黄氏、邱氏，上禾坑李氏、谷埔村宋氏、杨氏等客家人。

盐业生产

新界大澳的盐民在辛勤劳作
（中英街历史博物馆 提供）

沙头角地区所在的深圳市背山面海，海岸线绵延257.3千米。古时候，先民们靠海吃海，煮海水为盐。深圳的制盐业比较发达，在宋代时达到顶峰。当地关于"盐田"最早的记载源于清康熙年间《新安县志》卷之三《地理志》："盐田径，在梧桐山腰，大石砌结若鳞，阔一丈许，延亘十余里，相传元季邑人萧观庇创造，有碑记，岁久淹没，至今称亭子步"。据说，盐田径是元代晚期通往广州的一条运盐小路。

《宝安县志·大事记》条目记述：汉元狩四年（公元前119年），全国实行盐铁专卖。南头设盐官。宋开宝四年（971年），设官富盐场（含香港九龙，深圳盐田、大鹏叠福等分场）。

明清时期，沿海的制盐业仍比较兴旺，盐田和沙头角地区至今仍保

明清时期，沙头角和盐田有许多盐场。图为古代晒盐图。古时，盐丁的生活非常艰苦。据民谣《盐丁叹》（旧《志》）所记载："晒盐苦、晒盐苦，皮毛落尽空遗股。晒盐只望济吴贫，谁知抽算无需土"（抽算：即抽取税金）（中英街历史博物馆 提供）

留许多与制盐业有关的地名，比如：盐田墟、盐田径、盐田凹、盐灶下、盐寮下等。盐灶是盐场最基本的单位，一口锅，几个盐丁负责一个盐灶。大的盐灶有数十口锅和上百个盐丁，各个盐灶村落就自然形成了。

由于盐的利润较高，经常会出现私盐和走私漏税。于是，朝廷就层层设立机构，并任命盐官监管。产盐后需要集中进行贸易，集中进行贸易的地方除了新安埠、固戍埠、白石埠之外，还有盐田埠（今盐田区）等7处。在盐田墟和东和墟都设有从事海盐交易的店铺。

晚清时，沙头角的社会经济主要依赖自给自足的小农经济，乡民除了种植少量水稻外，主要以渔业、盐业为主。沙头角海边原来有两个码头，码头停渔船，并设有鱼栏和公秤。妇女在沙滩上晒鱼干，渔民称为"晒鱼坝"。他们捕获的鱼只供当地人食用。

沙头角居民

　　客家先民南迁始于东晋。客家籍人士自中原地区先后有5次大的南迁。其中，第4次迁徙就是清初迁海复界而引起的客家人向沿海的大迁移。在这次迁徙中，有一支从山东渤海入闽，再至粤东北，又从粤东迁往南中国海的吴氏客家先民。据《崇正同人系谱》卷2《氏族》"吴氏"条："……世居渤海，散处中州，其后有随王潮入闽，而入于潮嘉等处……"

　　北宋和南宋末年，由于金人和元人相继入主中原，大量难民流散到相对安定的岭南地区。至宋元时期岭南地区已初步形成广府、福佬和客家三大民系。广府亦称广府人，又称"本地人"，是指那些最初迁入岭南后停留于广州府属地的移民。广府人一般生活在平原地区，拥有肥沃的土地和强大的经济、文化优势。福佬（亦称鹤佬）是指那些来自广东东北、潮汕沿海地区及福建一带的移民。福佬大多生活在海边，以渔业为主。

　　清康熙八年（1669年）迁海令遭到两广总督周有德反对开始放宽后，部分客家人开始为南迁做准备工作。除以上三大民系外，岭南还有疍家。疍家是华南越族土著的后人，早期聚居于福建和广东沿海一带。他们祖祖辈辈"浮家泛宅"，形成了以水为伴，以舟为宅，以渔为业的水上人家。这几个民系，分别保留着各自的文化传统和风俗习惯。

　　沙头角地区主要分布着广府、客家、福佬三大民系和水上人家疍家居民，在大鹏湾形成了一个多民系、多风俗的聚集区。在这个区域内，

客家妇女的装束
（吴天其 提供）

福佬妇女的装束
（高添强 提供）

广府妇女的装束
（高添强 提供）

疍家妇女的装束
（高添强 提供）

人口最多的是客家人。客家人南迁到达本地时，自然条件好一点的地方已经有人居住了。沙头角属于偏僻和土地贫瘠的地区，因此，在此居住的广府人比较少。

清康熙二十二年（1683年），政府废除"迁界令"后，居住在粤东山区的客家人纷纷向南迁徙。其中，沙栏吓村吴氏家族尚儒公率领的一支，从粤东迁至博罗县后又举族南迁，他们和罗氏家族翻山越岭，来到了新安县东部的大鹏湾畔，择地红花岭山脚下的山咀村定居。据说，吴氏与罗氏是妻舅关系。他们的祖先向南迁徙的路途中，由于各自挑自己祖先的香炉长途跋涉，在途中搞混了两家祖先的香炉，而香炉中分别装着吴氏和罗氏祖坟上的土，代表着不同的祖宗神位。所以他们在互相埋怨后，干脆将两个香炉一起拿来祭祀，视为异祖同宗的兄弟，并商定今后吴罗两家的后代不再通婚。他们定居后，罗氏以务农为主，定居在山咀；吴氏选择海边的沙坝居

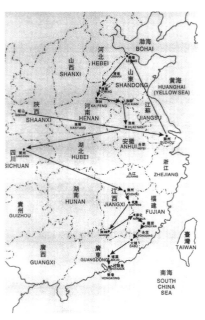

沙栏吓村吴氏祖先迁徙路线图（资料图片）

古镇沙头角

吴氏始祖泰伯公像
（资料图片）

中英街往事
特区中的「特区」

住，以渔农经济为主。

"山咀"后来发展成一个小村庄。1899年沙头角勘界后，归属新界沙头角乡管辖。据当地老人回忆，沙头角在英国勘界前的区域范围比较小，就仅指现在居住在沙坝之上的沙栏吓村及附近地区。其区域范围是随着发展而不断扩大的。沙头角是临海一片较高的沙丘地带，迁居当地的村庄在开基立村后都保留有自己的村名。如山咀村、担水坑村、塘肚村，最初由它们组成了"三乡"。1899年沙头角勘界后，大部分村庄被划在了新界，留在华界沙头角一侧的主要是沙栏吓、圆墩头、沙井头、径口村、官路下、暗径等少数几个客家村落。

吴氏家族迁居沙头角滨海地区已有300多年的历史。根据《吴氏族谱》记载，该村的吴氏族人及其宗族源流远可追溯商代陕西岐山。吴氏泰伯公就是今日吴姓之始祖。后来，吴氏家族东迁，分布在渤海和延陵两郡。其本宗十九世祖诸樊公封于渤海；其弟季扎公封于延陵。故历史上吴姓有渤海堂与延陵堂，居住在沙栏吓村的吴氏是渤海堂即诸樊公的后代。

吴氏最早迁入广东境内的是泰伯第七十一代子孙吴宥。吴宥官运亨通，宋朝时中进士，入翰林院后任尚书一职。他从政后，见世道混乱，便携带家眷由江南抚州迁居粤东南雄，其子吴坤二从南雄辗转至福建永定。南宋末，又携带3个儿

吴氏宗祠。沙栏吓建村后修建了吴氏宗祠。祠堂神龛两侧楹联书写着："派接延陵博邑迁居流世泽，源传渤海沙栏落业展家声"，它是吴氏家族源流和迁徙历史的真实写照（陈观华 提供）

泰伯廟碑　謁泰伯廟碑

南迁沙头角的吴氏属于延陵郡，图为谒泰伯庙碑（资料图片）

吴氏宗谱序

夫國有統誌家有譜牒其理則一加書所謂英倫秩敍即此意也夫吴姓本姬姓至周泰伯之裔對于吴號為勾吴益十九世孫稱王入夏興周後派遠代廣至七十二世重二公身任翰林皆滿尚書見世媧滅罷仕由嵩而至粤東南雄居此有子七人分居異地但奔走栖樞山庳地昕董鼎祖即其長子也至于我祖豪居潮汕爾天埔縣因賦稅遠四起世居不撤戰持春至安邑擇地安居

清同治年修订沙栏吓村吴氏族谱序（资料图片）

子吴泰甫、吴兴甫、吴吉甫迁往广东潮州府大埔县湖寮村开基。

其实，客家人总是不断选择适合自己生存和居住的环境迁徙。吴氏、罗氏兄弟迁来沙头角后，罗氏定居山咀村继续从事农业耕种，而吴氏看到沿海一带鱼类丰富，就选择海边一"秤杆形"的沙坝居住。这一"秤杆形"沙坝叫"沙栏"，于是，村庄就被称为"沙栏吓村"。村庄附近有一条沙溪河，河水清澈见底，流经梧桐山后汇入大鹏湾。

1899年沙头角勘界后，沙头角河也被当地乡民称为"界河"。这条小河应该是当地乡民的母亲河，它在滋润大地的同时，让最初迁居此地的乡民受惠无穷。因此，乡民们曾经一度把村庄称为"沙溪村"，后来才改称为"沙栏吓村"。那时，沙栏吓村里的年轻姑娘和中老年妇女都喜欢在河边洗衣服，她们一边洗着衣服，一边唱着客家传统的四季歌谣：

> 正月姑娘二月蔗，
>
> 三月老蟹四月虾；
>
> 五月禾黄蒸果粽，
>
> 六月豆豉暗出芽；
>
> 七月谷鸭蘸子姜，
>
> 八月油饼绑细茶；
>
> 九月黄鱼点火着，
>
> 十月毛蟹过田爬；
>
> 十一月冬晒腊肉，
>
> 十二月谢龟公爷。

渔村里一群顽皮的小孩光着屁股在沙溪河中戏水打闹，反映渔农生活的客家山歌在空中回荡着，形成了一幅美丽的大自然乡野画卷。

据村中老人回忆，英国人在1899年来沙头角勘界时，开始是以沙溪

露兜（野菠萝）径，赤脚的客家妇女挑水的情景。在沙溪河岸边，有一条通往中英街的石板小路，路两边长满了被当地人称为"野菠萝"的植物。这条小路被人们称为"露兜径"。尽管英国人在小径竖立了界碑。乡民们仍然把第六至第七号界碑这一段称作"露兜径"。那时，沙栏吓村的姑娘和中老年妇女都喜欢走过用石板铺设的"露兜径"来到沙溪河洗衣服。沙溪河、露兜径和古井为她们的生活增添了乐趣。她们挑着水桶来到河边，一边洗衣服，一边戏水逗乐，洗完衣服后，再从水井中汲水回家做饭（中英街历史博物馆 提供）

　　20世纪60年代的沙栏吓村。沙栏吓村因其特殊的地理位置，乡民们见证了沙头角勘界的整个过程。勘界后的中英界碑即从村边的池塘经过。勘界后的一百年对于乡民来说，所庆幸的是祖辈居住的村庄和墟市被留在了华界（吴天其 提供）

河至伯公坳的一条直线作为界限划界的，后来由于遭到当地乡民的强烈反对，才改迁界线。因为，如果以河界为界限就会将整个村庄和墟市划到新界，那么，这样一来与乡民生活关系密切的墟市从此就失去了。所以，当时沙栏吓乡民们自发地组织起来，在吴子魁带领下，拔掉了英国人预先插在河边用作标明界限的小旗，并转插到村后干涸的河床。英方勘界人员无法劝阻，勘界时不得不改变原来的界限，放在墟市以西的河道位置，即后来的中英街。

沙栏吓村在当地开基建村大约已有300多年的历史。乡民们从山咀村迁到沙栏吓村后，是伴随着挖凿水井、修建宗祠和庙宇开始的。今天在沙头角镇内仍保留着两口古井。一口古井位于中英街入口处，另一口古井位于阳和街附近的古井街（水井街，此街名今已消失）。这口古井，就是当年吴氏祖先开基建村时挖凿的。由于该村地势较高，过去乡民取水必须选在河流旁的沼泽湿地（中英街原是一条干涸的河床）。

中华人民共和国成立前，村里曾有一条小街叫水井街，它分为水井上街和水井下街。沙栏吓村吃水的那口古井就位于水井下街，距今已有二三百年的历史。这口古井和其他水井的不同之处是，井口呈圆形，井深3米，井壁用鹅卵石堆砌，井面以麻石铺装，井旁安置"水井伯公"神位，两边的楹联是"伯德如山重，公恩似海深"。从沙头角吴氏家族的迁徙和凿井时间来看，"井随人居"早已是祖先开基立业的传统。可想而知，早在迁来初期，吴氏家族与其他南迁的客家人一样，到海边定居所面临的首要问题就是解决吃水。

1949年中华人民共和国成立后，沙头角还保留了几口古井，旧村改造用上自来水后，部分古井就被回填了。从沙盐公路南侧现保留的叶屋村古井来看，古井形制和盐田四村一致，方形井口、鹅卵石井壁。中英街古井及阳和街古井，也是方形井和鹅卵石井壁，形制和盐田四村一致。只是中英街口同阳和街的古井由于地下水质污染早已不再使用而封闭。但这两口古井均得到了较好的保护。在历史上，这两口井也起着特殊的"纽带"作用。

1899年中英勘界后，两口古井均被划在中方一侧，居住在新界沙头角的乡民经常跨越界碑来到中方一侧汲水，因此，在中英街两边的乡民中流传着"同走一条街，共饮一井水"的歌谣。这首歌谣反映了小街两边乡民的乡缘和亲情。据村中老人讲，中英街古井的水清澈而甘甜，只是在遇到台风时，井水才会略有海水的咸味。当地流传，如果外乡人得

中英街古井。2006年，当地政府在组织实施中英街历史风貌改造时，对中英街古井进行了维护，在井口上增加了石质井圈、井床，为中英街文化旅游增添了新的历史文化景点——"古井乡情"（孙霄 摄）

中华人民共和国成立初期，客家妇女在中英街水井挑水的情形（伯恩斯 摄）

了水肿病，只要喝了古井的水，病很快就会痊愈。它说明，井水的确可以解决外乡人水土不服的问题。中英街古井不仅带给街两边乡民诸多方便，也见证了中英街100年来的历史沧桑。

过去，本村的老人一提到村里的古井就会感慨不已，这些古井一直被当地乡民使用到自来水开通之后。在当地流传的民谣中多处有对古井的记载：

> 白鹤飞来古井里，
> 使开涯（我）爷钱一百几十系（是）这回；
> 白鹤飞来捅井底，
> 使开涯爷钱一百几十系这摆（次）；
> 白鹤飞来古井中，
> 使开涯爷钱一百几十系这摆凶（多）。

这是当地客家妹出嫁前用客家方言唱的"哭嫁歌"。它借用白鹤的意象（含白鹭或海鸥之类）和水井边汲水的劳动场面，抒发对爷爷养育的感恩之情。这也说明古井已经融入当地客家人的生活之中，更证明了古井在人们心中的地位。

从粤北山区迁来沙头角的客家人把农耕技术带到大海边，他们初来乍到，还不习惯出海捕捞，于是沿用传统的农业习俗，采用传统耕作方式种植稻谷，这种传统的农耕方式在当地维持了很久。他们把农业耕作的成果带到了海边，并与当地的滨海文化相融合，形成了滨海地区的客家文化。在民间的信仰习俗中可以找到保留至今的文化传统。比如：客家人在来到海边之前是信奉土地神伯公的，并不信仰海神天后。后来，当他们来到沙头角后，面对海产丰富而又喜怒无常的大海，他们不仅接受了天后信仰，还深信海神天后可以保佑他们出海平安。于是，"三乡七村"经过商议后，决定集资在海边建一座天后宫。七村即沙栏吓村、山咀村、担水坑村、榕树坳村、塘肚山村、木棉头村和新村。他们还成立了"三和堂"，由三甲代表人分两年轮流管理。

在沙栏吓村吴天其村长根据本村吴马生老人演唱整理的客家山歌中，有一首"地名歌"，它是以地名为歌词被人们传唱的。歌词在记录地名的同时，也记录了客家人的历史：

"塘肚山"上乐从容，人住同安化日中；
"新村"门前多好景，云出婆岭石径风；
"木棉"树上夕阳过，屋座西来面向东；
"担水坑"中实如何，村里人居杂姓多；
遥望"山咀"逢稔岁，火龙醉唱太平歌；
"沙栏"岁晚鱼灯舞，客似云来载满舟；
海背山下"榕树坳"，生涯渡活亦无忧；
"天后"庙畔水洋洋，龙腾浪下草木荒；
共说神灵多庇佑，五更钟声即焚香；
回环从翠多奇景，沿村皆属"三和堂"。

客家山歌记录了"三乡七村"的村名及归属"三和堂"的历史。在"七村"中，除了"沙栏吓村"位于华界外，其余6个村庄全部位于新界。

沙头角地区曾有3座天后宫，它们分布在沙栏吓村、暗径村和新界吉澳岛。由于同属天后信仰圣地，当地乡民把它们称为"三姊妹"。后来，暗径村的天后宫毁于"文革"时期，位于新界吉澳岛的天后宫保存较好，古钟上还记载着"乾隆二十八年五月二十三日铸立（1763年）"。在沙栏吓村的天后宫两侧原来还建有东馆和西馆，占地约450平

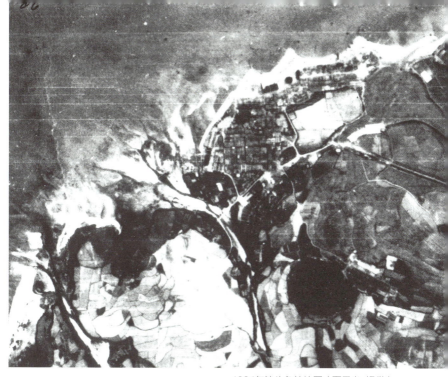

1924年沙头角航拍图（夏思义 提供）

建于清嘉庆时期的沙栏吓村天后宫，2001年政
府拨款给予了修缮（中英街历史博物馆 提供）

方米。

　　关于沙栏吓村天后宫的创建年代，有两种说法。据沙栏吓村的老人回忆，1937年以前，天后宫内放置的一口铜钟，钟壁铭刻的年代为清朝嘉庆二年（1797年），应为该庙宇重修之物。此后，天后宫曾多次修葺，最具规模的有3次，其中一次是清同治十三年（1874年）。对庙宇造成最大的自然毁坏是民国二十六年（1937年），强烈的台风使该庙宇遭到较大的毁坏。后来，在即将坍塌的庙宇墙体中长出了一棵粗壮的榕树，这棵树竟以令人难以置信的神奇力量把庙宇整个建筑物缠绕起来并融为一体。

　　第三次是2002年3月完成的，由深圳市、区两级政府财政拨款进行的一次修缮。2002年5月26日，沙头角"三乡七村"及"三和堂"在沙栏吓

客家人早年的捕鱼方式（中英街历史博物馆 提供）

天后宫举行了隆重的重光庆典仪式。这是彰显当地政府尊重民俗信仰和保护文物的一项善举。

根据传教士的记录："1853年时，镇上没有庙宇——只是在墟市后东门内有一个土地爷神龛。"英籍香港学者夏思义博士认为，在沙栏吓、吉澳岛和暗径的3座天后庙中，沙栏吓天后宫建造的时间最晚，是道光年间兴建的。

天后宫一般都建在大海边，庙宇大门多朝向大海，妇女们常常祈祷"阿妈娘"（天后娘娘）保佑出海作业的渔船和男人们平安归来。不同于其他地区天后宫的是，沙栏吓村天后宫外墙后面还保留着一个小小的伯公庙，庙里供奉着伯公的神位。显然，无论从庙宇的规模和装修，还是从供品来看，海神天后在客家人的信仰中已经处于主导地位，而伯公

鱼灯舞新解：

　　据调查，闽粤地区的鱼灯舞，普遍有"鳌鱼"和鲤鱼混合舞蹈的情形，据说源于"鲤鱼跃龙门的传说故事"；《埤雅·释鱼》："俗说鱼跃龙门，过而为龙，唯鲤或然。"清李元《蠕范·物体》："鲤……黄者每岁季春逆流登龙门山，天火自后烧其尾，则化为龙。"但没有跳过龙门的仍然要回到鱼群之中。唐朝大诗人李白，专门为此写了一首诗："黄河三尺鲤，本在孟津居，点额不成龙，归来伴凡鱼。"在动物世界中，龙、鱼本为同族。在鱼灯舞中伴凡鱼的"鳌鱼"其实就是未跳过龙门，重新回到鲤鱼之中，且身体已发生变异的鲤鱼。它在跳跃时鱼身已接近龙门，故身体发生了变异。鱼头变成了独角龙头，而鱼身和鱼尾仍保留下来。《山海经·海外西经》记载："鳌鱼在天野北，其为鱼也如鲤"。古文中关于"鱼化龙"和"龙化鱼"的记载与"鲤鱼跳龙门"如出一辙。至于沙头角鱼灯舞中"黄鲮角"名称的来历，"鲮"和"角"均有鱼和龙的身影（中英街历史博物馆 提供）

庙则处于从属的地位。这两个庙宇前后紧挨在一起，供奉当地客家人所共同信仰的神灵，它反映了当地农业文化与滨海文化的融合。

客家人来到大鹏湾畔后，不仅接受了大海，还从大海中获得了从未有过的收获和欢乐。男人们出海捕鱼，妇女们插秧编织。丰富的鱼类和海产品给他们俭朴的生活带来了新的期盼。那时，沙栏吓村就坐落在大鹏湾的沙滩边，没有任何污染。夏日的夜晚，劳作了一天的乡民常常眼望明月和满天星斗，躺在柔软细白的沙滩上过夜，在大自然阵阵海涛声的伴奏下进入梦乡。

那时，人们出海捕捞的鱼已经和他们的生活息息相关。鱼不仅是大海中的生灵，也给客家人的生活带来新的希望。人们在祈求神灵保护出海捕鱼获得丰收的同时，甚至出现对鱼的崇拜。因此，他们在举行鱼灯祭祖活动和出海捕鱼时，经常举着"鱼头大信，顺风得利"的幡旗，这种祭祀活动后来演变成一种民间舞蹈——鱼灯舞。沙栏吓村的鱼灯舞依然保留着源自北方民族早期对鱼类的崇拜和信仰习俗。

"十约"是伴随东和墟的形成而成立的乡盟组织，能够统筹和协调沙头角地区近60个自然村庄。它有点像中华人民共和国成立后农村的"人民公社"。"十约"的出现，让本地区有了一个属于乡民自己的民间管理机构。

第二章
"十约"与东和墟的发展

沙头角"十约"

　　随着沙头角地区人口的增加和生产活动范围的扩大，社会组织也逐步健全起来。19世纪中期，沙头角地区一些比较富裕的村子在对周边村落的投资建设中树立了威信，村子中那些有钱的乡绅自然成为乡民心目中的领袖。乡绅参与投资禾坑、南涌、鹿径、担水坑、山咀等村落的建设。他们的贡献，使他们所在的村庄自然而然地成为该地区最早的领导者。于是，在此基础上，联合建立了"墟市联盟"，几乎当地所有与墟市有关的村庄都加入了联盟。"墟市联盟"后来在发展中被称为"十约"。它包括10个小的联盟，由45个大小不同的村子组成。每个"约"设有委员会。

　　香港北区区议会出版的《北区风物志》记载："沙头角'十约'成立于'东和墟'开墟之时。"而东和墟兴建的时间被研究者认为是在1820年至1830年之间 。墟市和"十约"几乎是在同一时间建立的。它是伴随着人口数量的逐步增加和村庄的形成而建立的乡村联盟组织。鸦片战争时期，深圳和香港均隶属广州府新安县管辖。沙头角位于新安县东部的山边海角。当时，那里还是一片荒芜的田野和盐场，乡民多是从内陆地区迁来海边垦荒的客家人，他们分散居住在由"十约"管理的自然村落里。

　　《北区风物志》记录了"沙头角十约"及其对各约的划分。当时，沙头角除了莱洞村、大塘湖村、风坑村、谷埔村、吉澳村未有入约外，其余各村都有加入。它们是：

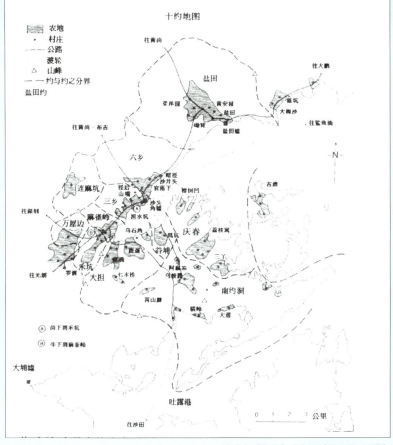

沙头角"十约"分布图（夏思义 提供）

第一约　沙鱼涌各村；

第二约　盐田各村；

第三约　上下保（牛栏窝、暗径、沙井头、元墩头、官路下、山咀）；

第四约　莲麻坑；

第五约　担水坑、新村、木棉头、塘肚山、沙栏吓、榕树澳；

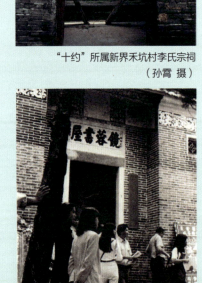

"十约"所属新界禾坑村李氏宗祠
（孙霄 摄）

中英街往事
特区中的「特区」

"十约"所属新界禾坑村镜蓉书屋
（孙霄 摄）

第六约 上下麻雀岭、石桥头、盐灶吓、大朗、乌石角；

第七约 上下禾坑、坳下、万屋边、岗吓；

第八约 南涌、鹿颈、鸡谷树吓、南坑尾、七木桥、石板潭；

第九约 又名庆春约，有荔枝窝、锁罗盆、三桠、梅子林、蛤塘、小滩、牛池湖；

第十约 又称南约，有乌蛟腾、横山脚、阿妈芴、涌尾、涌背、金竹排、横岭头、大小滘、九担租、苗田仔、红石门、坭头石。

"十约"经常召开上层会议，这个会议是新安县知县承认的"东和局"（即东方和平会议）。"十约"的职能非常明确：（1）提交给知县请愿书；（2）调停联盟之间的争议；（3）管理墟市；（4）维护治安；（5）发展教育；（6）协调组织"十约"大型民间信仰活动；（7）安排资金的使用；（8）拥有交通控制权。但实际上，"十约"的管理权限不止以

沙头角"十约"——庆春约太平清醮会场。随着时间的流逝，沙头角"十约"的维系也开始松散。但是比较活跃的为第九约，即庆春约和吉澳安龙醮会，仍然保留了十年一届的太平清醮（孙霄 摄）

上8条，以上8条是基本拥有的管理权限。当时，"十约"的权力大致和乡政府的权力差不多。

关于"十约"的基本职能，夏思义博士在《十约：沙头角地区的定居与政治》一文中曾提到，笔者归纳如下：

1. 关于教育。文中提到"'十约'的父老们决定让他们地区的人能够得到最好的教育，因此他们的学校始终保持着很高的教学质量"。

2. 关于墟市管理。"还有一些没有功名而有地位的父老，在集市日轮流坐在议事堂调停争议。"当时的这种调停体现了"十约"对墟市的一种民主管理形式。

3. 关于调停联盟之间的争议。"在大多数情况下，'小家族'联盟要从大家族手中争取独立只能依靠公开的冲突或长期的诉讼和抗争。然而，在沙头角却找不到关于冲突和诉讼的记录。"

4. 关于提交请愿书给知县。"使他们摆脱必须通过大家族才能把民情上达知县。"它说明在"十约"出现之前，有许多事情是由大家族决定的。

5. 关于维护治安。"墟市父老，也就是乡长，有很大的治安权力。"

6. 关于主持大型祭祀活动。"每年举行公共祭祀前，父老们都会在山咀庙（即新界山咀村关帝庙）和文武庙举行特别盛大的会议。"

7. 关于安排资金。"乡长有很多收入的来源，从日常基金中贷款的

中英街往事
特区中的「特区」

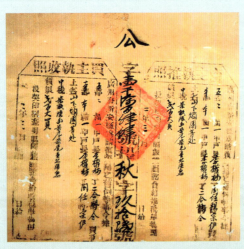

沙头角"十约"禾坑村李
权林地契（夏思义 提供）

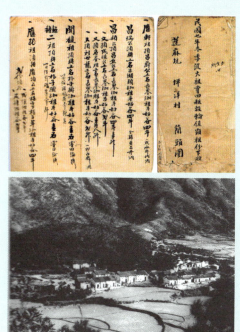

沙头角"十约"之第四约新界
莲麻坑村的史料和20世纪50年代初
的村落（刘蜀永 提供）

利息，店铺的两元税金，寺庙和镇上公秤的租金等。"

8. 关于交通控制权。"取得交通交汇点的控制权——桥梁和渡口，尤其是地方道路系统。"

应该说，"十约"的成立是沙头角地区的一件大事。它是客家人从粤北山区迁来海边后自发成立的乡间组织。它在统筹乡民创业、协调解决纠纷、举行民间祭祀、开展治安管理、控制交通和发展教育事业等方面均发挥着极为重要的作用。

东和墟的形成

　　墟市，就好像是今天的农贸市场。古人有"逢人问墟市，计日买新蔬"的说法。清康熙年间，伴随着复界后经济的逐渐复苏，新安县所辖墟市都有了一定的发展，分布于全县各地的墟市共有28座。到了清嘉庆时期，墟市又有了新的发展，全县共有墟市41座。人们在生活上所依赖的墟市，经过多年的发展已呈现出一片繁荣的景象。

　　1852年，瑞士巴色会传教士韦永福牧师（Rev. Philipp Winnes，有译韦腓立）来华，到沙头角地区传教，撰写了《1853年之东和墟》一文。在文中，他记叙了沙头角地区19世纪的经济生活、人口状况和墟市布局等历史。

　　当时，沙头角尚未建墟，乡民们需要翻山越岭赶往深圳墟交易，山路崎岖，交通不便。鲨鱼涌有一潘姓人士考虑沙头角距深圳墟比较远，建议"十约"在沙头角开辟新墟市。建议被"十约"采纳，起名为"东和墟"，寓意"东方和平市场"，并规定每个月的初一、初四、初七为墟日，此所谓"乡落墟市贸易，皆从民便"之道理。

　　东和墟市的繁荣有其原因：一是人口增加；二是物产丰盈。就人口而言，夏思义博士认为："沙头角地区的人口在1800年达到了大约7,000人；1825年则达到了约8,000人。因此，到了19世纪早期，这里的人口已达到形成独立墟市的水平。"

　　从1848年开始，瑞士巴色会传教士韩山明、黎力基、韦永福3位牧师陆续来到沙头角这个古老而封闭的小镇传教。他们刚踏足这片土地，就被沙头角客家人特有的习俗信仰、繁荣的墟市和异国他乡的文化所吸引，并决定在当地向客家人传教的同时，对沙头角做进一步的了解和调查。

巴色会1815年成立于瑞士。1846年，牧师郭士立（Rev. Karl Friedrich August Gutzlaff），派遣韩山明牧师（Rev. Theodor Hamberg，有译韩山文）及黎力基牧师（Rev. Rudolf Lechler）二人来华传教。

最早来到沙头角传教的是韩山明牧师。不久，黎力基牧师也来到沙头角。韦永福牧师最后一个来到这里。李志刚先生在《香港客家教会的发展和贡献》一文中对上述几位传教士在广东地区对客家传教的经历有更为详细的研究："黎力基牧师于1852年被潮州官方驱逐离境，不准传教，于是返回香港，与韩山明牧师、韦永福牧师共商日后的工作方针，决定巴色传道会日后专以客家族群为传道对象，并在广东客家地区进行传教。"传教士刚来时，对当地的一切都充满好奇和新鲜。同样，他们的到来，使小镇里的乡民们一时有了谈资。

由此看来，韩山明牧师是在1848年第一位来到沙头角的传教士。黎力基牧

巴色会牧师韦永福像
（夏思义 提供）

巴色会牧师黎力基像
（夏思义 提供）

第二章 「十约」与东和墟的发展

师则是于1852年被潮州官方驱逐后来到沙头角的第二位传教士。韦永福牧师来华的日期很明确，他应该是在1852年5月以后来到沙头角的第三位传教士。其实，传教士在沙头角传教的时间并不长。

"1854年，巴色会传教士最终被迫离开了沙头角，因为那里没有法纪，并且有大量不良分子聚集。"

据沙栏吓村的老人回忆，村里的海傍街在中华人民共和国成立前有一座天主教堂，只是这座教堂后来未能保存下来。教堂的设置应该与传教士来沙头角传教有关。黎力基牧师在沙头角期间完成了首部《德客词典》，即用德语对客家方言的发音做了标记。韦永福牧师则对当地墟市产生了浓厚的兴趣，撰写完成了《1853年之东和墟》一文。其中，部分内容曾发表在《皇家亚洲协会香港分会会刊》上。它不仅记录了传教士来到沙头角后亲眼看到的沙头角"十约"和新边界的状况，还对当地人口、街区布局、墟市规模、商品种类、发展变迁等商贸业现状作了比较详细的调查和记录。

在那个兵荒马乱的年月，当那些利欲熏心的英国商人把注意力全集中在向中国倾销鸦片并对中国的领土和海洋进行分割的时候，谁也不会想到，瑞士巴色会的3位传教士正在沙头角进行人口、经济、语言等社会调查和研究。他们在传教之余，给后人留下了沙头角早期社会经济和商业发展状况的第一手资料，为后人了解19世纪中期沙头角社会的发展状况提供了依据。

《1853年之东和墟》一文这样描述："东和是一个重要的墟市，人们主要在那儿从事贸易。这是一个新建的墟市，并且生意繁荣……"，由此看来，传教士来到沙头角时，东和墟已经相当繁荣了。

夏思义博士在《十约：沙头角的定居与政治》一文中引述了传教士的记载。文中提到了"东和村"，如果当时确有"东和村"，那么，我们就不难理解东和墟名称的由来了。当时的墟市和"东和村"的名称可

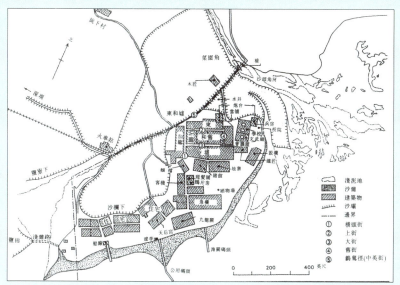

东和墟位置图。东和墟的位置在今天镇内横头街一带（夏思义 提供）

能是一致的。"东和村"可能是东和墟的另一种叫法，其寓意"东方和平"是可以理解的。鸦片战争爆发前，新安沿海地区常有海盗出没，民不聊生，当时采用"东和"，其含义十分清楚。

传教士来到沙头角后，就在墟市上西门内租了5间房子住了下来。他们不太习惯住在这种狭窄、黑暗和空气不太流通的房子里，于是便在房屋的墙上开了门窗。文章还分述了这5间房子分别属于3个地主，第四和

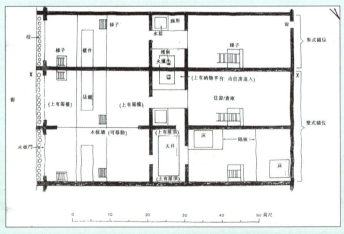

墟市布局。根据传教士1853年所绘墟市地图，墟市是一个不太规则的长方形，大约是106.68米乘91.44米；墟市有3条街道，它们是上街、下街（或正大街）和旧街，街道比较窄，大约4.5米。墟市由72家店铺组成，29家在上街，32家在下街，11家在旧街（引自夏思义《沙头角墟》）（夏思义 提供）

东和墟店铺平面图（夏思义 提供）

第五间属于盐田的一位老绅士。

旧街有一间叫作"和兴当"的当铺，是镇内唯一一家从事典当业的当铺，主要办理赊账和保管物品的业务，是盐田何氏开设的。

俗话说得好："靠山吃山，靠海吃海"。由于沙头角依山傍海，加上当地适宜的气候和自然条件，当地的物产非常丰富。因此，每逢农历初一、初四、初七，附近的乡民都会带着各种物产来东和墟赶墟。

清嘉庆（《新安县志》卷之三）对当地物产有详细的记载："邑中宜稻，名类最多"，并有早禾、迟禾之分。当时，有3种重要的物品在新安县后海是没有的，但在大鹏湾却很丰富，它就是大米、几种新鲜的鱼类和食盐。除饥荒时期外，大鹏湾一直都是大米资源颇为丰盛的地区，深圳需要经常从沙头角购买大米。

"芋以黄芋为最，有青芋、银芋，其茎俱甘滑可食"，薯的种类更为丰富，有"甘薯、山薯、番薯、葛薯、毛薯、红薯、白薯、大薯"之分。"惟番薯，土人间以之代饭，颇有补益。"蔬菜的种类很多。春季有芥蓝、生菜、青蒜、菠菜等；夏季有苋菜、豆角、蓊菜、凉瓜、黄瓜、节瓜等；秋冬季有白菜、芥菜、萝卜、冬瓜等；此外，还有海藻、胶菜和紫菜等。关于茶叶也有记述："茶产邑中者甚伙"。关于水果：有荔枝、龙眼、沙梨、柚、橘、橙、甘蔗、黄皮、万寿果、西瓜、菠萝、落花生、油柑子等。

传教士提到的墟市，至少有两家屠猪的店铺；有一个专门理发的流动小贩，用一条竹篙扁担挑着便携式的木炭炉和两个小木箱。这说明当时镇上还没有设固定的理发铺。

根据传教士的记录，当时镇上所有的店铺都是单层建筑，一般是以天井相隔，房屋后面有一个小院子。这些房屋非永久家用住宅，只是作为店铺使用。那时，店主和雇员常睡在店铺灶台的草垫上，家眷则住在村里的祖屋。1925年，除少部分位置偏僻的店铺仍保持单层建筑外，大

中英街往事 特区中的「特区」

新界乡民拉着猪去墟市配种。当地乡民，主要是壮年男子有上山狩猎的习惯。因此，男人们常常在墟市上出售野鸡、山猪、黄麞（獐）、麋等野生动物。其中的野猪和豪猪都是用陷阱捕捉的。一些乡民还擅长采摘草药和茶叶，他们积攒到一定数量后也拿到墟市去交易（中英街历史博物馆 提供）

部分店铺都已重建多层商住楼房。

　　1859年，镇上出现了一座旅馆，与其说是旅馆，倒不如说是一家"十分不舒适"的客栈。尽管如此，来镇内办事的一些有点身份的军官或海关职员有时都喜欢小住和体验一下旅馆的滋味。

1882年，有一家在木屋经营狗肉面条的餐馆开始营业。据说，这家位于横头街三角地带的狗肉面馆在当地知名度很高，凡来赶墟的人都喜欢去吃一碗香喷喷的狗肉面。

沙头角镇内有一座文武庙，在墟市后东门内有一个土地爷神龛。起初也没有学校。1854年以后，由"十约"集资在镇内所建最大的建筑就是"东和学校"和文武庙。学校由3个院子组成，设有办公室和议事厅，并设有1个副榜和8个秀才主持议事。庙宇朝海而建，在建筑形式上比学校高数级，有一个较高的屋顶，并设有供学生住宿的阁楼。当时，传教士对学校很重视，他们认为学校是传播福音的最好工具。

1898年，来自沙鱼涌运送客人的渡轮，为镇上带来了各种服务行业。镇上有2家木匠、五六家铁匠、1个皮匠、3个裁缝，他们的工作主要是修补和制造农具、家具、棺材、鞋子、服装，建造和修补船只等。

1904年，镇内陆续出现了赌馆、烟馆和妓院。赌馆是一间长方形的房子，大约40尺（约13米）宽，50尺（约17米）长，高2层，底层大概40平方英尺

妇女在海边晾晒鱼干。由于沙头角在当时已是小有名气的渔港，当地人在海边建有鱼栏和晒鱼干的"晒鱼坝"。1853年以前，当地就已经有了销售鲜鱼和咸鱼的双重买卖。传教士是这样描述的："有一部分人靠卖鱼维持生计，他们不是销售各类鲜鱼，而是将一部分鱼在太阳下晒干，然后用盐腌好。这是一种长时间保存鱼的方法。这样，渔民们就可以把腌制的鱼带到墟市上出售。"当然，这些鱼干、盐巴和大米还被商人雇来的苦力运到较远的大墟市销售，促进了贸易的繁荣和发展（中英街历史博物馆 提供）

当时，赌馆的生意非常好，人气很旺，常常被挤得水泄不通（香港历史博物馆 提供）

（约4平方米）。西门向着横头街，南门向着旅馆和海关。西门为赌馆的主门。房间里摆着4张桌子，为赌客提供名为"宝斗"的赌博游戏。它是由很小的叠放的盒子组成，此游戏在当时十分盛行。在赌馆的入口处还设有牌九台。在赌馆的东面是妓院，妓院规模不大，房子很小，有两间连接的房屋，里间是卧室，外间有时兼做烟馆。妓女都是从附近城镇来的女孩子，大约有10～12个妓女。当时，沙头角是附近唯一设有妓院的小镇。烟馆是从民国开始有的，到中华人民共和国成立前当地已有3～5家烟馆。

民国时期的东和墟

　　1920年，进入民国后的东和墟，除当铺外，大部分店铺已迁往横头街一带。在下街开设的店铺大概属于禾坑、塘肚、七木桥、南涌、凹头和大朗。几乎每个约在墟市中都拥有一些地段来从事经营。当时的墟市是这样设计的：货物一般从上东门进入，从西门走出，然后从下西门去渡船码头或由上西门往石涌凹。主门是上东门，它位于城墙角，面桥而建。店面一般由1个或者2个店铺组成，镇上的72间店铺实际上分别被50家商贩或租客租赁使用。有的租2间，有的租1间，店铺之间使用木板墙相隔。为安全起见，店铺的大门和店铺一样高，一样宽。大门的前面是一排圆形的围竿，一直延伸至楼顶的横梁，围竿的下端插在石墩里；白天，中间的围竿会被移走；黄昏时，围竿会重新封上。围竿的后面就是门，门板是活动的木板，可以插进门沟里，并用横木从里边插住。店铺一般为单层结构。它们由前面的店铺、作坊和后面的住房或储藏室组成。前后以天井相隔，天井同时也可以作为厨房使用。后面的房间有1个小阁楼，用以储藏或作为雇员的住处。所有的店铺大约为18米长乘4.5米宽，约80多平方米。

　　在东和墟的店铺中，大部分都是杂货铺，主要从事零售，也有少部分从事批发。据统计，墟市中有6家药铺，平均每10家店铺就至少有1家是药铺。这些药铺的商号保留至今，它们是：济生堂、茂生堂、同仁堂、保和堂、宁生堂和天寿堂。

　　墟市中也有做批发生意的。批发商一般是做鲜鱼买卖。此外，墟市

　　20世纪40年代，新界乡民购物后路过墟市。当地的渔产比较丰富，远销广州、香港等地。20世纪50年代，沙栏吓村购买了两条机帆船，以备出海所需。当时居住在中英街的居民生活还比较艰苦，有的人仍靠卖木柴和木炭维持生活，以上生活资料都要依赖墟市进行交易（香港历史博物馆　提供）

还设有谷市和鱼栏，它们的交易地点靠近海边，一般没有围墙，用砖柱搭一个棚子。柴炭小贩多集中在墟市下西门外的横头街一带设点。2005年，为推进深圳东部华侨城生态旅游项目的建设，中英街历史博物馆配合深圳市文物考古鉴定所对三洲田进行了抢救性考古发掘，发现了十余处晚清和民国时期的窑址。经研究，这些窑是专门用来烧制木炭的。它说明民国时期，当地乡民的生活需要大量的木炭，这些木炭经过烧制后被拿到墟市交易。

由于沙头角依山傍海，地理位置十分优越，加之大鹏湾拥有丰富的海产资源、梧桐山上特有的山货珍禽，每逢墟期，附近的乡民便携带土特产品来到墟市交易，逐步形成山货、海产品交易的集散地。当时交易的商品多为：稻米、火柴、布匹、鱼贝、山货、药材、木柴、海盐等。为公平交易，"十约"的长老还在墟市设有公秤。店铺多集中于华界的阳和街一带。阳和街当时建有1个四方亭，每逢墟日，四方亭附近人头涌涌，非常热闹。

在东和墟的3座茶楼中，以郑竹萍经营的美香园最负盛名。茶楼不仅供应早茶，还供应中晚餐。此外，镇内的海山酒楼和永乐园茶楼也设有茶餐厅和中西饮料，在当地颇有名气，但规模和影响均不及美香园。

东和墟的老商号主要有：永乐园、美香园、奇香园、鸣春园、琼芳园、胜发隆、义兴隆、义云隆、泰开隆、劳安记、王兴记、济生堂、同仁堂、茂生堂、保和堂、佑生堂、民泰、泰和、永泰、昆泰、伦泰、财记、全记、宏记、合记、广裕、海山酒楼、永安祥布店、惠新隆布店、新时代理发店、梁心牙医、郑九客栈、瑞合酒坊、"黄毛贵"狗肉面馆等。这些商号营业时间有早晚之分。从商铺名称分析，它们与1925年东和墟的商号既有联系又有区别，多为民国晚期的商号，有一些商号直到中华人民共和国成立初期还在使用。

"东和墟过去是宝安县东和乡'十约'中近百条乡村的总墟集，生

新界大埔墟市（夏思义 提供）

意十分兴旺。自1899年，'十约'中的南部八约租给英国后，村民往来不便，东和墟的繁荣大不如从前。"

　　1920年，沙头角绅商集资修筑东和墟的道路，并立碑纪念："东和约墟，僻处海湄，因陋就简，路鲜维持，巴君来乐，莅任于斯，殷勤临政，布置咸宜，披荆斩棘，开辟坦夷，平平荡荡，众嘉赖之，纪功颂德，载道皆碑，助铭垂远，昭示来滋"。

大约从1853年开始，东和墟的店铺开始向横头街一带转移，到1925年，大部分店铺完成了向横头街的转移，个别店铺还转移到新界沙头角的菜园角。横头街靠近中英街，店铺的转移其实就是镇内经济中心的移动，它在20世纪二三十年代曾一度促进了中英街的兴旺和发展。这个时期，香港的人口（含九龙和新界）已接近71万（1926年，香港人口为71万）。

民国时期，新界沙头角莲麻坑公路旁有一座"火水仓"（专门储存煤油的仓库），当地的买办从香港进口"火水"（煤油）后存放在此。当时不具备运输条件，就由乡民挑着"火水"送到附近横岗和惠州的零售商。尽管乡民只能赚一点运输费，但参加的乡民人数众多。1941年日军占领沙头角后，陆路"火水"运输被禁止。"火水"的运输只能从吉澳走海路运到大梅沙，乡民从大梅沙接到货后挑送到周边地区。位于新界新楼街的"逸生昌"就是专门经营"火水"的商店。

中华人民共和国成立前，沙头角边界无任何设防，除了海关检查进出的货物外，当地人可以自由往来于香港、九龙和内地之间。抗战爆发前后，许多商人从香港贩运火柴、煤油、布匹、药品等物资到内地；内地的家禽、家畜也转运到香港。当时，在沙头角一带，国民党特务、土匪、日伪汉奸、买办与官僚资产阶级勾结在一起，他们从粤北地区采集并走私国家稀有矿产资源——钨矿，并将钨矿卖给日本商人以牟取暴利。

1937年，一场巨大的台风摧毁了东和墟。这场台风不仅刮倒了小镇粗壮的榕树，毁坏了庙宇，就连老乡养的猪也被淹死了不少。之后，一些店铺被迫迁到新界沙头角，从而带动了沙头角墟的发展。

东和墟运营后，"十约"发动众人捐资，利用墟市附近的文武庙改建了一所小学校。由于学校建在墟市附近，起名为"东和学校"。看得

东和学校。1930年，沙头角"十约"的父老对兴办教育有了新的认识，他们下决心要把东和学校办成本地区教学最高水平的学校。事实上，当地的一些乡绅和进步人士都是在东和学校接受教育和毕业的。东和学校的建立带动了周边地区教育的发展（中英街历史博物馆 提供）

启才学校。1936年，居住在新界谷埔村的宋青先生为该村设计了一座"启才学校"，它是参照黄埔军校的建筑设计的（孙霄 摄）

出来，"东和"是"十约"的得意之作。1923年，学校共有5名教师，其中3名是本地人。一位是从新界鹿颈来的美国归来的留学生陈谨章先生，他主教英语和体育；一位是从广州毕业的主教"新书"的陈重浪先生；一位是从"十约"地区来的主教中文和音乐的刘焕光先生。另外，还有两位教师，一位是来自元朗附近，主教古文的秀才李渭流先生；另一位是来自广东韶关，主教"新书"的胡范伍先生。他在沙头角住过几年，会讲客家话，并以客家话教学。学校的教师队伍虽然算不上庞大，但在当时已经是一支相当不错的师资力量。

宋青（1896—1937），1924年毕业于广东省公立法政专门军校。1925年回家乡五华参加农民运动，是中共五华地方组织的创始人之一。他曾任中共五华县特别支部书记、代理县委书记等职。1928年，国民党"驻剿"五华，他避走香港新界谷埔。在宋青的影响下，许多学生参加了港九大队，为抗日做出贡献。由于宋青早年曾在广州求学，深受西方文化影响，因此，启才学校的设计参照黄埔军校的建筑设计，极具西洋建筑风格。宋青于1937年抗战爆发后回到广州，在一次躲避日本飞机轰炸中不幸遇车祸身亡（宋煌贵 提供）

火车：与民国不期而遇

1912年4月，一辆蒸汽机车喘着粗气从一条窄轨铁路开进了沙头角。这个外形古怪的家伙，迅速引起"十约"的注意。乡民们在确认安全后，小心翼翼地接近这辆停放在车坪街的"火车头"。

据说，中国人第一次看到火车时，有人呼喊着"殊甚骇怪！"即"形状怪异，太吓人"。甚至还有人出主意让马和火车赛跑，结果马比火车跑得快。人们开始嘲笑这个庞然大物。过了不久，马的速度没有改变，火车却更像一头脱缰的野马……

在火车来到这一地区之前，整个深港地区，交通工具仍很落后，主要依靠人力车，人工抬轿和舟船。即使在香港开埠后，仍有不少人从内地去到香港，专给有钱人抬轿谋生。

广九铁路于1911年10月8日全线开通。10月10日辛亥革命爆发，推翻了中国两千多年的封建帝制。

根据香港铁路博物馆的资料记载，1910年，广九铁路香港段正式通车，新的铁路运输为香港和内地的交通发展带来急剧改变。香港北约理民府建议在粉岭建一条铁路支线到沙头角，理民府是英国接收香港新界租借地后最早设立的新界管治中心，当时北约理民府管辖大埔、沙田等地。

1911年4月，香港政府同意修建窄轨铁路，由于广九铁路改用标准轨，原铁路英方一段拆下的窄轨铁路物料，正好用来修建支线。这是支线使用窄轨的由来。据史料记载，当时从粉岭到沙头角没有道路通达，

早期香港社会，不少华人以抬轿为生（资料图片）

晚清的人力车（资料图片）

1911年10月，参加广九铁路开通仪式的嘉宾（资料图片）

1910年10月1日，广九铁路（英段）率先建成开通，港英政府举行隆重的庆典仪式（资料图片）

1911年10月5日，中英官员参加广深铁路（华段）开通仪式（资料图片）

各种材料均用牛车和人力运送。

　　1911年12月21日，粉岭至石涌凹一段首先通车，到1912年4月1日全线通车。

　　当时港英政府为什么要修建这条支线呢？深圳商报记者蒋荣耀曾专程赴港采访了香港铁路博物馆二级助理馆长谭绮华。"根据有关文献记载，在1905年进行的铁路评估中，沙头角被视为当时内地与新界之间的热门过境通道。此外，当时的支线连接粉岭和边境沙头角，当局冀支线能促进新界东北的交通运输，并希望日后可进一步连贯新界西部青山、屯门一带，因此，兴建支线的建议于1911年4月获得通过，并于1912年4月正式通行。"

　　1912年1月1日，中华民国宣告成立，孙中山就任中华民国临时大总统。4月1日孙中山毅然辞去了大总统职位。袁世凯给孙中山一个全国铁

沙头角支线火车终点站—粉岭车站（香港火车博物馆 提供）

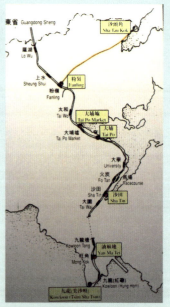

沙头角至粉岭支线铁路示意图
（香港火车博物馆 提供）

路督办的闲差。也许是历史的巧合，英国的窄轨蒸汽机车也在4月开进了沙头角。这辆从广九线粉岭站至沙头角的支线火车与民国不期而遇了。从表面来看，这种巧合好像没有什么直接联系。但从历史发展规律来看，新时代的诞生总是会促进与旧时代决裂的步伐。

1912年，从新界沙头角车坪街出发的小火车接通了广九线的粉岭车站。它给沙头角的乡绅们带来了希望。其实，乘坐小火车从粉岭到沙头角是两角钱一张票。虽然车厢狭窄，

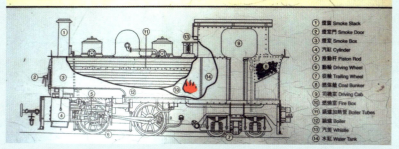

窄轨蒸汽火车头横切面（香港火车博物馆 提供）

香港铁路博物馆展出的窄轨蒸汽机车
（香港火车博物馆 提供）

乘坐起来很不舒服，但人们却乐意一试。小火车在颠簸中运行了17年。小火车的开通促进了沙头角与外界的联系。当时，镇里的乡绅如果从沙头角乘坐小火车去一趟新界，算是一件时尚的事情而成为人们茶余饭后的话题。如今，这个小火车头仍保存在香港铁路博物馆。

当铁路通到惠州的计划破灭后，英国皇室不愿意投资太多钱在支线

1912年修筑完成的从粉岭开往沙头角的支线铁路（香港火车博物馆 提供）

铁路的建设上，所以只能因陋就简修筑窄轨铁路。夏思义说："火车没有敞篷，路况也很不好，颠簸得很厉害。当时还发生了乘客从车上颠簸下去的事情。之后才修了车顶，也加固了火车车厢，条件才好一些。"

根据广九铁路公司出版的《百载铁道情》所述，沙头角支线通车初期每天开行4班列车，配合九广铁路主线的时间表行驶，列车上设有售票员。支线全长7.25英里（约11.67千米），走完全程需要55分钟。除了客运，支线还兼办货运，主要是运送砖和煤。

支线火车设有3站路程。通车第一年乘客只有42,940人次。1914年，支线也增设头等车，1915年后乘客增至六七万人次，支线首次出现盈利。全盛时期为1919年，乘客超过8万人次。

据《皇家亚洲协会香港分会会刊》1996年刊登的《沙头角墟》一文：由于边境管理的需要，加速了沙头角地区现代化的进程，1899年，电报线连接到镇里；1900年，电话线也连接起来；1912年，通往沙头角的铁路完工；1933年，镇上有了电灯。

沙头角公路开通后，支线铁路客量大跌。小火车终于在1928年停止营运并拆除铁轨。

历史总是从正反两个方面刺激人们的感官和意识。英国人在接管新界后不久，将世界上最先进的蒸汽机火车引到了沙头角这个完全封闭的小渔村。无论英国人是在向中国的老百姓炫耀其工业革命的成果，还是为了加强香港与新界之间的交通运输，这个外形古里古怪、能跑会叫的"火车头"（当地乡民称它"火车头"）的到来，的确让人耳目一新。

1912年修筑完成的从粉岭至沙头角的窄轨铁路给当地社会的发展带来了资本主义先进工业技术的影响，由于沙头角和香港的地缘关系使然，沙头角在整个深圳地区率先成为领西风之先的超前发展的地区之一。

英国的蒸汽机及其他现代化设施的引入，使沙头角在整个深圳地区第一次接触到西方工业革命的成果。虽然人们眼前为之一亮，但它们并不能从根本上实现沙头角社会体制的变革。因此，在封建社会与民国交替、松散不定和充满变数的社会体制中，西方的先进工业如同民主理念一样，只能暂时与中国失之交臂。

1899年3月16日，中英两国定界委员来到沙头角勘界。这是双方依据中英《展拓香港界址专条》采取的一次划界行动。"陆地勘界"于1日结束。然而，谁也没有料到，在勘划的沙头角陆地边境上，后来竟形成了一条由中英两国分治长达百年之久的"中英街"。

第三章

英国强占香港"三部曲"

贸易：伯爵无功而返

清乾隆五十八年（1793年），英国特使乔治·马嘎尔尼率领船队从英格兰南岸出发来到中国，想与中国建立贸易关系。这是中英两国在历史上的首次碰撞。

当时，无论谁觐见乾隆皇帝都不是一件容易的事。于是，马嘎尔尼伯爵以祝寿为名，得到了乾隆皇帝的接见。双方互赠礼物，气氛是友好的，因为，当时英国人是为和平而来，为贸易而来。但当马嘎尔尼提出与大清国建立商贸关系后，乾隆皇帝不屑一顾地说：我大清物产丰盈，不需要和你们通商，你们回去吧。于是，马嘎尔尼无功而返。

当时，英国特使向乾隆皇帝提出了以下要求：

1. 允许英国在北京设立使馆，当然也欢迎清廷派驻大使到英国；

2. 开放宁波、舟山、天津为通商口岸；

3. 订定公表关税条令，以免海关乱收杂费；

4. 允许租借舟山附近的岛屿供英国商人休息、存货。

今天看来上述要求在两国交往中是必须具备的条件。但对于固守闭关锁国和满足自给自足小农经济的"清朝上国"来说，国门无疑是天朝尊严的象征。再说，当时乾隆皇帝根本没有把英国这个蕞尔小国放在眼里。

18世纪，中国在欧洲人眼中是一个神秘的国度。马嘎尔尼在出发前也对中国充满了好奇和向往。然而，当他来到中国之后，却完全改变了对中国的看法，他从自己在中国的遭遇写了一本颇具讽刺意味的《停滞

　　乾隆皇帝。清高宗爱新觉罗·弘历（1711—1799），是清朝第六位皇帝，入关之后的第四位皇帝。年号"乾隆"，寓意"天道昌隆"。25岁登基，在位60年，禅位后又任3年零4个月太上皇，实际行使国家最高权力长达63年零4个月，是中国历史上实际执掌国家最高权力时间最长的皇帝，也是中国历史上最长寿的皇帝（资料图片）

　　乔治·马嘎尔尼（1733—1806）。18世纪，中国一直是欧洲的神话。从马可·波罗时代到传教士时代，欧洲人认为中国是个富庶的国家，那里遍地是黄金，人人都穿绫罗绸缎。经过工业革命发展强大的英国希望与中国建立商贸联系，派出特使乔治·马嘎尔尼来到中国，但关于中国的神话传闻却被马嘎尔尼在中国的所见所闻戳破了（资料图片）

的帝国》一书。马嘎尔尼采用"停滞"一词，是形容他来中国后所看到的大清帝国就像个已经停摆的钟表。这对当时闭关锁国、落后于西方世界的清朝是莫大的讽刺。这本书出版后成为欧洲最畅销的书籍之一。

当英国特使看到大清帝国不愿意同英国建立贸易关系后，甩下一大堆中国的皇帝不曾见过的先进仪器和枪械，无功而返。

时隔43年，中英之间因茶叶和鸦片贸易产生的不平衡引发的摩擦，终于让英国找到了军事进攻并以武力打开中国市场的绝佳机会。于是，英国这个世界老牌殖民帝国，变本加厉逼迫清政府签订了一系列不平等条约。即"生意进不来，就派军队来"。

割占港九

道光皇帝（1782—1850），清宣宗爱新觉罗·旻宁，为清朝第八位皇帝，也是近代中国的第一位君主。他在位期间，经历了列强入侵、鸦片战争和《南京条约》的签订（资料图片）

英国对中国领土的攫取犹如前后相连又相对独立的"三部曲"。他们先割占了香港和九龙，在甲午战争之后又提出租赁新界问题。1841年1月25日，英国从香港岛登陆并宣布占领该岛。1842年，在英国"皋华丽号"旗舰上，英国与清政府的代表签订《南京条约》，割占了香港岛。1860年英国以《北京条约》割占了九龙半岛。中英街则是1898年中英签订《展拓香港界址专条》后于1899年3月勘划新界北部界限后形成的。

早在1816年，阿美士德使团来华时，就对香港岛做过调查。使团中的一位史学家写道："从船舶驶出的便利和陆地的地形看，这个港口是世界上无与伦比的良港"。

据英军硫磺号舰长贝尔撒回忆：1841年1月25日上午8时15分，我们登上陆地。作为真正的首批占领者，我们在"占领峰"上3次举杯祝女王陛下健康。26日舰队到达，在我们的哨站升起了英国国旗。在陆战队的鸣枪声和军舰隆隆的礼炮声中正式占领该岛。

1841年1月25日，英军强行登陆香港岛（资料图片）

1842年8月29日，中英《南京条约》在英国旗舰"皋华丽号"上签订（刘蜀永 提供）

1860年10月24日，英国全权特使额尔金前往礼部大堂签订《北京条约》（刘蜀永 提供）

1841年8月20日，璞鼎查乘船抵达香港。次日，他亲率36艘舰船和3,500名士兵北上，强行占领厦门，再占领定海、镇海、宁波。1842年6月，百余艘军舰和万余名士兵从印度增援，璞鼎查再次北上，指挥英军进攻长江并企图攻占南京。由于清朝军队将领腐败，武器装备落后，节节失利，道光皇帝决定妥协投降。

1842年8月29日，清政府钦差大臣耆英、伊里布来到英国旗舰"皋华丽号"上与英国全权代表璞鼎查签订了中国近代史上第一个不平等条约——《南京条约》。

1860年9月，英法联军从天津出发直犯北京，13日占领了安定门。10月18日、19日，英法联军火烧圆明园。在英法两国军事和外交的双重压力下，中方议和代表恭亲王奕䜣表示完全接受侵略者提出的投降条件。10月24日，英国全权特使额尔金乘坐装饰华丽的轿子，前往礼部大堂。当他的轿子进入大堂时，乐队高奏英国歌曲《上帝保佑女王》。就这样，清朝代表奕䜣和英国特使额尔金签署了中英《北京条约》。1861年1月19日，驻港岛英军各兵种渡海前往九龙参加了领土移交仪式。

香港首任港督璞鼎查（1789—1856），1841年他率英军北上，是鸦片战争的主事者。他逼迫清政府签订了《南京条约》。是英国割占香港后的第一任港督，亦称"开埠港督"。他于1843年4月任港督，1844年5月离职，任期1年（资料图片）

强租新界

19世纪末，中日甲午战争的结局改变了列强在远东的均势。列强为了争夺在华利益一哄而上，纷纷来到中国开工厂、设银行、筑铁路、办矿产，抢占先机，并与清政府签订了一系列不平等条约，扩大了在华势力范围。

1894年，清政府在甲午战争中的战败给中国带来了严重后果。从此列强掀起了瓜分中国领土的狂潮。此时，英国认为有机可乘，正式向清政府提出了展拓香港界址问题。

11月9日，香港总督威廉·罗便臣以香港"防务安全"为由，向殖民部建议将香港界址展拓到大鹏湾、深圳湾一线，并将隐石岛、横澜、南丫岛和所有距香港3英里以内的海岛割让给英国。他还着重指出："应当在中国从失败中恢复过来之前，向它强行提出这些要求。"威廉·罗便臣的建议实际上是后来扩界的蓝图。他的建议得到英国巨商的支持。英商遮打之前在给威廉·罗便臣的信中，曾以种种"理由"鼓吹扩界。他还说：50年，甚至20年后，中国就可能成为充分武装的强国。扩界的事"机不可失"，"要干，现在就干"。

1895年5月，英国海陆军联合委员会发表《关于香港殖民地边界的报告》，再次提出扩界要求，并立即得到陆海军大臣的赞同。紧接着，列强纷纷把目标瞄准了中国。

1896年6月，俄国取得在中国东北"借地修路"和战时将俄舰开入中国各海港的特权；

以中日甲午战争为主题的日本浮世绘《马关条约》的签署现场
（香港历史博物馆 藏）

1897年11月，德国借口传教士在山东巨野被杀事件，强占了胶州湾；并于1898年3月迫使清政府与之签订《胶澳租界条约》，将胶州湾租给德国99年；

1897年12月，俄国出兵占领了旅顺、大连。次年3月，俄国逼迫清政府签订《旅大租地条约》，将旅顺口、大连湾及附近水面租给俄国25年；

1898年4月，法国在向清政府保证不将与越南毗邻各省割让与租与他国后，清政府同意将广州湾租与法国99年以及获得其他特权。至此，清

政府和列强签订了不下百余个不平等条约。

　　列强对中国领土的瓜分在英国内阁中引起了强烈反响。英国立即开始调整对华政策。因为，甲午战争之前，英国对中国的政治经济影响居于首位，是最大的既得利益者。当英国看到在华利益受到威胁时，便寻

油画《19世纪中叶开埠时期的香港岛》（原载《香港的蜕变》）

找借口，扩大对中国领土的占有。展拓香港界址问题就是在这一历史背景下提出来的。

英国割占九龙后不久，英国军界即开始议论进一步扩大领土侵略的问题。1863年，英国陆军大臣告诉英国殖民地部说，在维多利亚港东部入口处的鲤鱼门北岸取得军事用地很有必要。1884年，萨金特少将鼓励陆军部占领整个九龙半岛及一些岛屿。两年后，金马伦少将也提出了类似的建议。

对于英国和香港政、军、商各界纷纷提出英国参与瓜分中国和展拓香港界址的提议，开始遭到英国首相兼外交大臣索尔兹伯里的一再拒绝，但却得到英国殖民地部大臣约瑟夫·张伯伦和内阁第二号人物贝尔福的坚决支持。他们二人都是极端的殖民主义者，在对外侵略和扩张的问题上均态度强硬。

1897年，张伯伦致函索尔兹伯里说：德国人"似乎决意占领（中国）一些领土，我们除了照此办理，将别无选择"。后来，当德国占领胶州湾、俄国占领旅大后，张伯伦的预言应验了。索尔兹伯里的对华政策在英国受到了质疑和批评，要求展拓香港界址的呼声很高。在英国内阁中，对于是否展拓香港界址是存在分歧的。后来，索尔兹伯里也改变了主意，展拓香港界址这一问题在英国内阁实际上已成为定案。

也有学者认为：展拓香港界址是英国在列强瓜分在华"势力范围"的纷争中，提出的一种挑战方式。只是这一挑战是多角度的，既要挑战列强向中国的扩张，又要向清政府施加新的压力。在当时的形势下，如果英国不接受挑战，恐怕剩在杯中的残羹就没有多少了。

1895年，英国政府海陆军联防委员会在一份报告中提出：为全面保卫九龙，现有驻军远不敷用，要全面保卫香港，不但需要绝对控制介于海岛与大陆之间的水域，而且还需要控制鲤鱼门南北两翼的海岸。法国占领南距香港仅210海里的广州湾后，英国愈加迫不及待展拓香港界址。

1898年4月，英国殖民地部殖民地防务委员会建议政府建立围绕香港的英国"势力范围"，把深圳湾至大鹏湾直线作为中英界限。

签约：英国步步紧逼

1898年4月2日，中英关于租借香港新界的谈判正式开始。英方谈判代表为驻华公使窦纳乐，中方谈判代表为李鸿章。李鸿章表示：中国可以同意租给英国"在香港港口两边设防"的一小块土地，希望英国的要求"不要越过此限"。

对于中堂大人的"小气"，英国代表开始并未亮出底牌。中堂大人自然也不了解英国的野心。4月24日窦纳乐收到英国政府的拓界方案后，与李鸿章继续谈判，强索大鹏湾到深圳湾一线以南，包括九龙城、许多岛屿和广大水域在内的大片领土，李鸿章十分震惊。在接连几天的谈判中，双方的争执仍然很激烈，争执的焦点围绕在九龙城的保留与否上。

中方认为，九龙城设有中国衙门，是中国对该地继续享有主权的象征，因此，坚决反对将该城纳入展拓的界址之内。英方代表窦纳乐则坚持中国"必须接受"英方提出的拓界范围。李鸿章迫于压力，原

清朝谈判代表李鸿章
（资料图片）

英国谈判代表窦纳乐
（资料图片）

第三章　英国强占香港［三部曲］

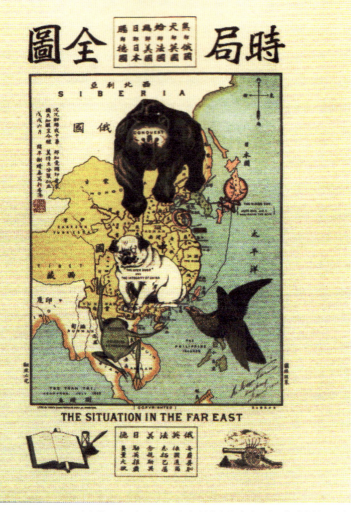

清光绪二十四年（1898年）谢缵泰绘《时局全图》（资料图片）

则上默认了英方的方案，但是提出几点保留意见：

1. "九龙城仍归中国控制"，中国船可以自由使用九龙城码头；

2. 展拓界址不是割让，而是租借地，"全部土地得付租金"；

3. 新展拓的地方更便于走私，为了避免中国关税蒙受严重损失，希望港英政府"承诺在保护中国税收和反对走私方面给予更多的帮助"。

5月2日，窦纳乐再次约见李鸿章。在这次谈判中，他拿出了英方提出的关于拓展香港界址的范围：北部陆界——从沙头角到深圳湾的最短距离划一条直线，此线以南租与英国；东界——东经114°26′；西界——东经113°47′；南界——北纬21°48′。

为了让李鸿章同意上述拓界范围，窦纳乐采取了"欲擒故纵"战术，说英国政府"并不反对"中方提出的保留九龙城管辖权等保留条件，也同意协助中国反对走私，保证税收，但建议此项不必写进协议。

在谈判中，李鸿章还要求在约稿中加上"九龙城到新安陆路中国官民照常行走""中国兵船无论平时战时均可使用大鹏、深圳两湾水域，租借地内不可迫令居民迁移，公用土地须从公给价"等内容。这些内容比起拓展界限的划定来说都是一些小问题，窦纳乐对此没有异议。

5月19日，窦纳乐将以经英国政府认可的中英《展拓香港界址专条》稿本与李鸿章谈判定稿。《专条》稿本的"粘附地图"标明了5月2日由英方提出并经中方同意的拓界范围。稿本明确规定此次拓界为"新租之地""以九十九年为期限""其所定详细界限，应俟两国派员勘明后，再行划定"。

1898年6月9日，李鸿章作为清政府的代表，与英国代表窦纳乐在北京正式签订了中英《展拓香港界址专条》。这是继《南京条约》和《北京条约》之后，清政府与英国签订的又一个不平等条约。时隔100多年后，再来剖析《专条》内容，不难看出英国殖民者的狡诈、伪善和霸权主义行径。

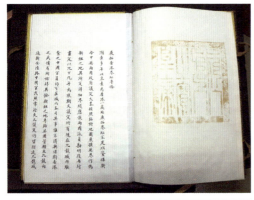

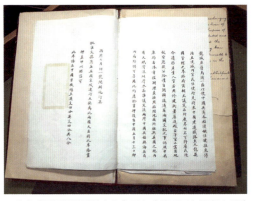

中英《展拓香港界址专条》正本（英国国家档案馆 藏）

　　《专条》开始就提出了展拓香港界址的理由。"素悉香港一处非展拓界址不足以资保卫"。正如《专条》开始所说，不展拓香港界址就无法保卫香港了吗？实则不然，这是英国殖民主义者为了扩大对中国领土的瓜分而寻找的借口；

　　紧接着，《专条》提出："今中、英两国政府议定大略，按照粘附地图，展拓英界，作为新租之地。其所定详细界线，应俟两国派员勘明后再行划定，以九十九年为期"。但实际上双方开始确定的界限很快就被英方推翻了。次年3月12日，中英谈判时，英方代表就提出要"以深圳

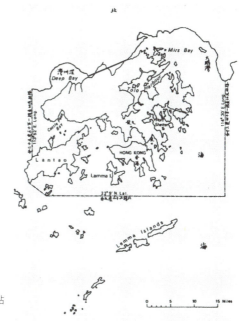

中英《展拓香港界址专条》粘
附地图（资料图片）

河北岸为界"的无理要求。因此，开始写在《专条》上的这句话无非又
是英方欺骗世人的谎言；

《专条》的签订，使英国从中国非法租借了975.1平方千米的领土。
它比原来香港行政区陆地面积扩大了11倍，约占广东省新安县面积的
2/3；租借地水域较前扩大40至50倍。这些被英国租借的土地，后来被
称为"新界"。虽然名为"租借"，但英国代表只字不提租金问题。中
英边界谈判时，港英代表、辅政司骆克曾表示"可待尔后商议"。勘界
结束后，当清朝代表王存善提出"新界的租金多少"时，骆克竟敷衍回

1898年骆克呈交英国殖民地部的《香港殖民地展拓界址报告书》（苏格兰国立图书馆 藏）

答说"我不知道，我不能解决这个问题"。英国殖民主义者强租了新界，严重损害了中国的主权，肢解了中国领土，这是赤裸裸的领土掠夺。

为了准备接管新界，1898年6月，英国政府派遣港英政府辅政司骆克前往新界地区进行调查。调查成果是骆克最后完成的《香港殖民地展拓界址报告书》。

该书比较全面地记述了新界的山川地理、交通道路、社会经济、风土人情、文教卫生、行政管理等方面的情况。报告书还向英国政府提出了今后统治和管理新界的建议。骆克完成的新界报告书受到了上司的赞赏，被英国殖民地部大臣张伯伦誉为"极有价值"和"极有意思"。但是，骆克的新界之行并不是一帆风顺的，他非但没有受到当地乡绅的礼遇，而且遭到乡民们投掷的臭鸡蛋的袭击。

定界谈判

　　新界北部的陆界界限一直是中英双方争执的焦点。根据中英《展拓香港界址专条》粘附地图，新界北部陆界的走向是从沙头角海至深圳湾之间最短距离的一条直线。但是，英国得寸进尺，他们以定界为契机，极力把新界北部上述直线再向北推移。其实，早在1898年6月9日，李鸿章与窦纳乐在北京签订条约时，英国海军联合会即对上述界限作为边界走向表示了不满，要求殖民地部将新界北陆界界限向北推到北纬22°40′。

　　英国为了扩大瓜分中国领土，不仅推翻了原先与清政府商定的21°48′的北部界限，骆克还在新界报告书中多处指责《专条》粘附地图之"不妥"。书中写道："让一个中国城镇留在英国领土近在咫尺的地方，其不利之处在九龙城问题上已经有所体会，该城多年来一直是个麻烦，而且是香港政府和中国政府经常发生磨擦的根源。如果仍许深圳为中国领土，历史肯定会重演的。"此外，他还在报告中建议"应将深圳包括在租借地内"。为了达到扩大新界租借地的范围，骆克煞费苦心地编造了许多"理由"。

　　1898年10月，英国政府发布《有关香港新界的英国枢密院令》，规定新界是"女皇陛下殖民地香港的重要组成部分"；"香港总督有权制定法律"以管治新界；"所有在香港生效的法律和条例"都将在新界生效。这充分暴露出它企图将"租借"新界变成像割占香港岛那样的殖民野心，并不断扩大"租借"范围的梦想。

第三章　英国强占香港［三部曲］

1899年2月26日，两广总督谭钟麟正式任命广东补用道王存善为新界北部中方定界委员。3月9日，港督卜力任命骆克为英方定界委员。

3月11日，中英两国各派出代表在香港举行了关于新界北部的定界谈判。港督卜力有时也参加谈判。中方定界委员王存善在谈判一开始就提出：新界北部陆界的定界，应以《专条》粘附地图所标示的从沙头角海到深圳湾最短距离的直线为基准。具体办法是：沿线村庄，属于中国一方的户数占多数的，全村归中国；属于新界一方的户数占多数的，全村划归新界。由于英国抱有不可告人的侵略扩张目的，骆克要求从深圳湾起，经深圳北面山脚到梧桐山，再到东面的沙头角以北一线为界。

王存善见英国人的胃口很大，根本就不是原先两国商定《专条》粘附地图中的界限能够满足的，于是即刻返回广州请示。两广总督谭钟麟态度十分坚决，坚持按照《专条》办理，拒绝接受英方方案，也不打算让出深圳和沙头角。

3月14日，王存善返回香港与骆克、卜力重开谈判。王存善向英方转告了两广总督谭钟麟的意见，为了尽快达成定界协议，王存善首先做出了让步，建议"以深圳河南部支流为界"。但是，英方拒不接受，骆克还以"拒绝谈判"相威胁。王存善被迫再做让步，提出："从深圳河口直抵该河源，再到沙头角，将深圳和沙头角留在中国领土以内"。骆克见中方态度已定，便改口说，"我想应该以深圳河北岸为界，我的意思是说整条河流划在英国界内"。王存善不得已接受了骆克提出的意见。关于新界北部陆地界限的谈判到此结束。但是，骆克并未放弃索取深圳和沙头角的想法，提出来要把这一问题"留在北京讨论"。

在新界北部定界问题的谈判中，英方谈判代表不仅咄咄逼人，而且采取了胁迫的办法。中方谈判代表则基本处于被动的守势，其结局往往是以让步而告终，正所谓"弱国无外交"。即使中方谈判代表坚持一些事先商定的原则，但与划界这个重大问题相比，毕竟是一些枝节问题，

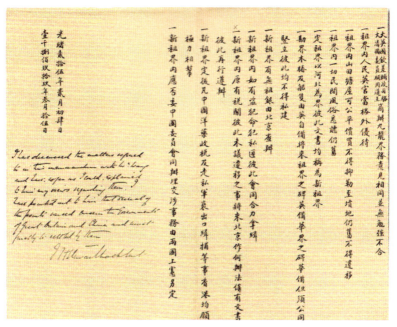

1899年3月15日，骆克与王存善就新界北部陆界达成的备忘录（苏格兰国立图书馆 藏）

可以说是"丢了西瓜而拣了芝麻"。

对于一个民族和国家而言，当统治者确定了执政方略后，这个国家和民族的命运就已经成为一种历史的必然了。傲慢自大和唯我独尊的清朝封建社会统治者，既不向别人学习，也从不允许外来文化登陆。当工业革命方兴未艾，所向披靡的时候，他们依然抱残守缺。清政府向来以农业大国自居，然而，在它的"天人合一"思想中，却从未料想过一个泱泱帝国会因"夷人"送来的罂粟而一蹶不振；洋人用蒸汽机、铁船送来的"枪炮"将古老的农业文明赶进了墓地。

从1793年乾隆皇帝拒绝马嘎尔尼的通商要求，到1840年鸦片战争爆发；从"戊戌六君子"为变法图强而舍身取义，到甲午中日战争的一败涂地，清朝统治者先是拒绝通商，然后被迫通商，再到割地赔款，清王朝从昔日强大的封建帝国一步步走向了半殖民地半封建社会的深渊。以致于大英帝国可以趁火打劫，不费一枪一炮即在谈判桌上实现了"强租新界"的目的。

鸦片战争，中国失去的不仅是黄金、白银和土地，失去的也不仅是民族的尊严，更重要的是失去了作为农业文明主宰者的核心地位和方向感。从那时起，中华民族用了一个半世纪的时间才使自己重新站在新生之路的起点，其历史教训是何等惨痛和深刻啊！

中英街往事 特区中的[特区]

陆地勘界

　　1899年3月16日，中英两国定界委员来到沙头角勘界。这是双方依据中英《展拓香港界址专条》采取的具有实质性的划界行动。"陆地勘界"于18日结束。然而，谁也未料到，大约在30年后，在深港边境线上逐渐形成了一条由中英两国分治百年之久的"中英街"。

　　1902年，英国为了将大鹏湾水域纳入租借地范围，遂派海军对新界海域进行了勘划，并在深圳西涌大鹿湾和香港大屿山分别竖立了海域界碑。

　　19世纪末，中英两国依据《展拓香港界址专条》（简称《专条》）和《香港英新租界合同》（简称《合同》），对新界北区沙头角的"中英界限"进行勘界。新界勘界应分为"陆地勘界"和"海域划界"前后两个阶段。

　　第一阶段从1899年3月16日开始。双方依据中英《展拓香港界址专条》对新界北部陆地进行勘划，勘界工作至18日结束。3月19日，中英两国派出代表在香港签订了《香港英新租借合同》。此《合同》实际上是对《专条》的修改，也是英国无视《专条》粘附地图规定的新界北部陆界走向、扩大侵权的见证。它成为新界勘划界限的主要依据。

　　第二阶段，即1902年英国海军对新界海域进行的勘划。这次勘划是英国海军单独采取的行动。英国对新界海域界限勘划工作的完成，标志着新界北部勘界工作的结束。

　　关于新界勘界问题，在已经出版的有关香港问题的著作中，只是作

　　1899年3月，中英两国勘界代表王存善和骆克来到沙头角勘界。这幅照片是迄今保存的关于中英沙头角勘界最具历史价值的经典照片。照片的拍摄地点在中英街一号界碑处。由于勘界是从1899年3月16日从一号界碑开始的，估计拍摄的时间是16—18日。画面中有中英勘界代表香港辅政司骆克，清朝补用道王存善。骆克手扶界桩，趾高气扬，仿佛已是这块土地上的主人。而王存善却低垂着脑袋，似乎在沉思。最悲惨的还是围观的老百姓，他们才是这片土地真正的主人，但是面对土地的分割他们却显得十分麻木（香港历史档案馆 藏）

为中英两国落实《专条》、接管新界采取的一个步骤一带而过。其实，新界勘界问题是英国殖民主义落实《专条》，为瓜分中国领土采取的一次实质性行动，应该给予重视。

中英勘界是英国割占香港岛和九龙历史的延续。勘界后形成了新的中英边界线，使原本属于新安县的大片土地和海域开始从中国领土分离出去。此外，勘界是中英街形成的重要原因。陆地勘界结束后，在沙头角边境线逐渐形成了一条连接深港的小街——中英街。这条小街见证了英国殖民主义者侵略和瓜分中国领土的历史，成为中国近代历史的缩影。

中英两国对新界北部进行的勘界，无疑是英国采取的具有实质性的瓜分中国领土的行动。中英定界委员经过谈判确定了新界北部界限后，1899年3月16日，广东补用道王存善会同香港辅政司骆克及随行人员一道出发，勘划自深圳河源头到沙头角西大鹏湾的界限。他们沿线竖立木质界桩，界桩上书写着："大清国新安县界"，3月18日，新界北部陆界勘界结束。

港督卜力（1840—1918），1898年11月任第十二任总督，任期5年，至1903年11月离任。卜力在任时奉命接管新界，镇压反抗的乡民，攻占锦田吉庆围，参与划定新界水域界限，并指挥英军于1899年5月26日占领深圳（资料图片）

1899年3月中英勘界代表合影。左
三为辅政司骆克，右一为补用道王存善
（香港历史档案馆 藏）

　　中英两国勘界人员对新界北部陆地的勘界实际上只用了两天时间。
时间虽短，但沙头角勘界对中国造成的影响却是深远的。这次勘界只是
中英双方按照《专条》"其所定详细界限，应俟两国派员勘明后，再行
划定"所进行的勘划新界北部陆地界限的一部分。但是，这次勘界结束
后，陆地边界由此形成。

　　1899年3月19日，王存善和骆克代表各自国家在香港签订了《香港英
新租界合同》。该合同全文如下：

香港英新租界合同

1899年3月19日（光绪二十五年初八日）香港

北界始于大鹏湾英国东经线114°30′潮涨能到处，由陆地沿岸，直至所立木桩，接近沙头角(即土名桐芜墟)之西，再入内地不远，至一窄道，左界潮水平线，右界田地，东立一木桩，此道全归英界，任两国人民往来。由此道至桐芜墟斜角处，又立一木桩，直至目下涸干之宽河，以河底之中线为界线，河左岸上地方归中国界，河右岸上地方归英界。沿河底之线至径口村大道，又立一木桩于该河与大道接壤处，此道全归英界，任两国人民往来。此道上至一崎岖山径，横跨该河，复重跨该河，折返该河，水面不拘归英、归华，两国人民均可享用。此道经过山峡，约较海平线高五百英尺，为沙头角、深圳村分界之线，此处复立一木桩，此道由山峡起，即为英界之界线，归英国管辖，仍准两国人民往来。此道下至山峡边，道左有一水路，达至径肚村，在山峡之麓，此道跨一水线，较前略大，水由梧桐山流出，约距百码复跨该水路，右经径肚村，抵深圳河，约距径肚村一英里之四分之一，及至此处，此道归入英界，仍准两国人民往来。由梧桐山流出水路之水，两国农人均可享用。复立木桩于此道尽处，作为界线。沿深圳河北岸下至深圳湾界线之南，河地均归英界，其东、西、南三面界线，均如专约所载，大屿山岛全归界内；大鹏、深洲两湾之水，亦归租界之内。

光绪二十五年二月初八
一千八百九十九年三月十九日
广东补用道 王存善
香港辅政司 骆檄
见证人 蔡毓山
祺威

中英一号界碑（资料图片）

中英二号界碑（资料图片）

中英街往事
特区中的「特区」

中英三号界碑（资料图片）

　　该《合同》违背了中英《展拓香港界址专条》粘附地图对新界北部陆界的规定，是扩大侵略的产物。骆克本人也承认，通过这一《合同》，英国"完全控制了那条在《专条》粘附地图上没有包括在英国租借地内的河流（即深圳河）"。

　　那么，《合同》是怎样划定新界北部陆地界限的呢？根据《合同》，从大鹏湾至沙头角这段边界定界的基本情况如下：

　　"北界大鹏湾英国东经线114°　30′潮涨能到处"，这是《合同》所标明的租界地北面界限的起点。根据《合同》记载："由陆地沿岸直至所立木桩，接近沙头角（即俗名桐芜墟）之西"，从描述的地理环境来看，此地为沙栏吓村的西侧，是今中英地界第一号界碑的位置。

　　《合同》记载："再入内地不远，至一窄道，左界潮水平线，右界田地，东立一木桩"，文中的"内地"是相对于海边的距离，"左界潮水平线，右界田地"的位置应该是今中英地界二号界碑的位置，因为涨潮时，潮水可以到达此地，右界当时是沙栏吓村的田地。后来，乡民在此建造了房屋。

　　《合同》记载："由此道至桐芜墟斜角处，又立一木桩"，当时《合同》所指

勘界人员沿着梧桐山勘界（资料图片）

的桐芜墟即为东和墟，位于中英街丁字路口横头街一带，此为今中英地界六号界碑所在地。

《合同》记载："直至日下涸干之宽河，以河底之中线为界限，河左岸上地方归中国界，河右岸上地方归英界。沿河底之线直至径口村大道，又立一木桩于该河与大道接壤处"，这是位于沙头角河边紧挨道路的一个界桩，今中英地界第十号界碑的位置，在沙头角隧道口的径口村。

《合同》记载："此道经过山峡，约较海平线高五百英尺，为沙头角、深圳村分界之线，此处复立一木桩"，它位于罗沙盘山公路最高处伯公坳，安放着中英地界第十一号界碑。

《合同》记载："此道下至山峡右边，道左有一水路，达至径肚村，右山峡之麓，此道跨一水线，较前略大，水由梧桐山流出，约距百码，复跨该水路，右经径肚村抵深圳河，约距径肚村一英里之四分之

1997年香港回归前经国务院批准的香港界限图（香港古物古迹办事处 藏）

一，及至此处，此道归入英界，仍准两国人民往来。由梧桐山流出水路之水，两国农人均可享用。复立木桩于此道尽处，作为界线。"此界桩有可能是中英地界第十二号界碑的位置。

2007年9月笔者根据径肚村附近执勤的边防战士提供的线索前往深港边境调研。边防战士们在径杜村五亩地巡逻时，有战士曾看到过十三号界碑。如果有十三号界碑，就一定有十二号界碑。由于深港边防线草木茂盛，河沟较深，加上雨季山石坍塌，有的界碑极易被掩埋，界碑的确切位置尚待进一步查证。

《合同》只列举了沙头角深港边界竖立的六块木界桩的大致位置。1905年，英方在沙头角竖立了永久性的石头界碑。香港政府工务局局长查塔姆在《工务局长1905年报告书》中说："曾经认为需要在沙头角和莲麻坑之间确立英中边界，此事现已完成，大量永久性界碑现已竖立和测量完毕。"

1997年7月1日，"中华人民共和国国务院令第221号"发布，根据附件"中华人民共和国香港特别行政区行政区域界线文字表述"，开始实行新的海陆界线标准。新的陆地界线将中英街五号、六号界碑整体划归香港界线内。

海域划界

2007年6月5日，深圳市文物考古鉴定所张一兵、大鹏所城博物馆黄文德、深圳商报记者贾少强等人，在深圳大鹿湾黑岩角山谷下的沙滩上发现一块界碑。按照其地理位置、界碑形制和当地居民的口头传说，这块界碑应该就是港英当局1902年

在深圳大鹿湾黑岩角发现的海域界碑，碑体已经分离
（孙霄 摄）

文件中所说的"在大鹏湾海岸附近"用以确定新界东部海域界限的海域界碑。

　　该界碑原位于东经114°30′的黑岩角山顶，界碑为花岗岩质地，由基座、文字碑和笔形碑三件组合而成。文字碑长65厘米、宽65厘米、高42厘米；笔形碑上部为坡形顶，底宽31厘米、顶宽20厘米、高100厘米。发现时，基座已摔成了两半，在现场只找到了一多半。由于界碑在发现前，已被人从山顶推至谷底，因此，这个由3件石块组成的界碑已经完全分离，其中，基座损坏严重，只有三分之二保留，其余已遗失。

深圳大鹿湾黑岩角海域界碑示意图（中英街历史博物馆舒芳 设计）

当地有居民见过此碑，乡民钟贵芳曾带领文物专家到现场查看。他回忆说："整个界碑原来并不在沙滩上，而是竖在一个叫黑岩角的山顶上。大约是在香港回归前一年，我有一次上山，发现碑不见了，于是推测可能有人想偷走，搬不动就把界碑推到了山下，由于太沉，还是无法搬走，于是碑座分离留在了沙滩上。"他还说："听村里的老人讲，这个碑是当年中英两国关于海面划分的界碑，这个碑以西，也就是整个大鹏湾，都是英方的，以东才是中国的，过去渔民到大鹏湾打鱼，经常会碰到英国舰船的询问。"

深圳西涌大鹿湾的界碑三面刻有文字，两面是英文，一面是中文。

中英文字为阴刻，中文字竖排，字迹比较模糊，内容如下：

"此界碑安放在美士湾（即大鹏湾）之东岸地嘴，高出潮涨处口丈口口免漫滗也，即东经线壹百壹拾肆度叁拾分，自此界碑正南潮涨处起点，西向南至与北纬线二十二度九分会合处，向北沿美士湾一带海岸。大英一千九百零二年，管带霸林保兵舰总兵官力会同本舰员弁等勘明界址共立此界碑"（口为不清楚字迹，另大鹏湾即界碑上英国人所称的"美士湾"）。

英国海军在香港大屿山竖立的两块海域界碑，被当地称为"屿南界碑"和"屿北界碑"。1991年，香港市政局出版的《香港文物志》一书对这两处的海域界碑有如下记录：

在大屿山北岸及南岸有两块完全一样的界碑，用来标记港境西面中英分界。界碑由花岗岩打成，尖顶，方座做两级。在方座上的一面刻有英文字，说明这界石是由英国海军少校力奇及英国兵舰霸林保号船员于1902年竖立，两界碑经度都是113° 52′。在另外一面则有模糊不清的汉字。

从1899年3月中英两国完成新界北部沙头角陆地勘界，到1902年英国海军在新界海域勘界，前后相距3年时间。英国海军为何不在陆地划界结束后开始海域勘界呢？

1898年4月，美国为了争夺古巴，对西班牙宣战。美国海军上将乔治·杜威率领舰队曾一度停泊于香港，以之作为对驻菲律宾西班牙人的作战基地。英国为了保持局外中立，要求美国军舰离开香港。25日，杜威将军将舰队驶往大鹏湾。5月，杜威率领的舰队从大鹏湾出发，摧毁了西班牙舰队，占领了马尼拉。6月《专条》签字，并于7月1日生效。

由于大鹏湾被纳入租借地范围，而美、西两国仍处于交战状态。12月，美西才签订《巴黎和约》，英国如果按时接管"新界"，势必要受到破坏中立法的指责。为了讨好美国，给它提供方便而又不致被人抓住

位于新界大屿山的屿南海域界碑（萧国健 提供）

把柄，英国便故意推迟接管"新界"，直到美西战争结束。这不仅是新界接管延期的重要原因，也是英方推迟竖立海域界碑的原因。

1902年，英国海军单方采取行动，由少校力奇率领军舰"荆棘"号，选择了3个地点竖立了海域界碑。其中东面的界碑竖立在了大鹿湾新界边界，但此事当时并未知会中方，更没有中方官员参加。

其实，《专条》已对大鹏湾和深圳湾海域的使用问题做出了明确规定："查按照粘附地图所租与英国之地内有大鹏湾、深圳湾水面，惟议定，该两湾中国兵船，无论在局内、局外，仍可享用。"既然《专条》已做出规定，为什么英国海军还要坚持勘划海域界限呢？

1899年3月中英在签署的《香港英新租界合同》中，谈到中英边界时，有"北界大鹏湾东经线114°30′潮涨能到处"的内容。1901年5月31日，英国驻广州总领事司格达按照港督卜力的意见，照会两广总督陶模："新租界水面英国之权至何处一事……本港政府并不认为英权可至流入海湾之河港与流入租界深圳河之河港，但可至各海湾潮涨能到之处，与深圳河全河至北岸潮涨能到之处耳。至于流入各海湾及流入租借深圳河之各河港，本港政府甚愿于各河港口，由此岸涨潮能到之处至对岸潮涨能到之处划一界限，为英国权所至之止境。"

史料表明，1901年5月，英国驻广州总领事司格达按照港英政府意见照会两广总督陶模，提出"新租界水面英国之权至于何处一事"，正是1902年英国海军在大鹏湾勘划海域界限的动因，这在时间上是吻合的。英国海军的目的十分明确，即必须勘划新界海域界限，以明确其海域权属，因为它有利于英方在香港的殖民管治和海军兵船的自由航行。

1899年3月18日，中英两国在沙头角结束勘界只是中英街开始形成的时间节点。**从勘界结束到中英街的形成大致经历了30年的时间。**这个过程，由于河流改道，在一条涸的河床上形成了中英街。

第四章
中英街的形成

中英街是怎么形成的

1899年3月，沙头角勘界前只是一个自然小山村。3月16日，中英竖立的第一根界桩就位于今天沙栏吓村西南方靠海处。

从一号界碑至三号界碑处，由于靠近沙头角海，经常会受到海水涨潮的影响。有时海水涨潮让车坪街一带形成一片汪洋。

中英街在形成之前，从三号界碑到七号界碑原是一条小河，后因河水改道而成为荒坝水潭，河床逐日被人们填埋，或成为菜地，或建上小屋。这条河从鸿福桥桥头约30米的地方拐弯，流经新界店铺及一些房基下面，到"海山酒楼"处拐弯，从沙栏吓村西侧的河道流入大海。

1899年中英在此勘划界限时，河道的主流已在今中英街鸿福桥桥头改道向东流入大海。原旧河道，则形成了一个小水潭和低洼草地。英方无视以河中心线为界的惯例，擅自将界桩竖立在河道东侧，将河与小道全纳入英方。河床断流后逐日荒芜，人们将一些草地开垦为菜地（菜园角），一些低洼处变成了水田，也有人填土整基，盖上小屋存放杂物或安放祖宗灵骨。

"露兜径"东侧（中方）是水田、菜地和荒坝。有乡民搭建小房子堆放柴草和基肥。20世纪初，随着河沟的填塞与界碑的竖立，当地乡民不再认为"露兜径"是偏僻的地方，两边乡民往来逐日频繁，新界居民或来华界挑水，或参加农历三月二十三日天后宝诞庆典。虽然乡民们家住界碑两侧，但仍是同根、同源的一家人。

1905年，港英政府工务局在未征求中方意见的情况下，将界桩换成

1899年8月，英国接管新界4个月后港督卜力向新界乡绅训话（香港历史档案馆 藏）

了界碑。碑文由中英文字组成，字体为阴刻，雕凿得不太工整，有"中英地界"四字，"1898"被刻在"光绪二十四年"下面。界碑中文字面朝着华界，英文字面朝向英界。

　　1905年港英政府工务局在中英街竖立永久性麻石界碑，便有了"中英地界"名称，碑名对街名的形成有直接影响。碑名在前，而街名在后。换言之，先有"中英界碑"，后形成既成事实的中英街。

民国时期从沙栏吓村远望新界新楼街（中英街历史博物馆 提供）

20世纪30年代，新界禾坑李新昶在中英街建的骑楼，这段街叫"犹昶街"（郑中健 摄，原沙头角镇委宣传部 提供）

1918年，在位于第六号界碑附近的菜地里，有人盖了几间房屋，紧接着，在这几间房屋的两边陆续有人造房开铺。

1920年，中英街五号界碑附近，有"东源泰"杂货、"东和隆"米店和一间药店同时开张。

1920年至1935年，有人在中英街全记商铺的位置建造了船厂、住家和杂货商店，厂长名叫张四。船厂迁走后，石桥被铺平，开了一间小食店，它就是中英街海山酒楼的前身。全记商铺和海山酒楼均在20世纪50年代初期才建成。

中英街华界一侧的店铺和房屋，除街口小学校门前在划界前已有的几间小屋和古井外，其余建筑基本是在20世纪30年代建造的。

1930年，新界禾坑村人李新昶从四号界碑旁的榕树开始至五号界碑处，建了一排两层高的骑楼，骑楼具有南洋建筑风格。二层连廊可以看到新界一侧的商铺。他给骑楼这段小街起了一个街名，叫"犹昶街"。这也从侧面说明，当地老乡不愿意承认和接受中英街这个带有屈辱的街名。这段不太长的街道至今仍被镇内的老人们记忆着。骑楼主要经营杂货、药材等生意。不久，有人沿着三号界碑的走向，陆续建起了8间大瓦房（即后来新华书店与综合新新服装商店1栋8间），相继有人经营起杂货、酒米、药行、打棉被、客栈等生意。

李新昶建的两层岭南骑楼和四号界碑以西后来建的另一排骑楼几乎连接起来，形成13家店铺的规模（1959年8月24日，香港《工商日报》曾报道是17间）。当时，新建骑楼的出现给中英街增添了岭南建筑文化的气息。之后一段时间，由于这一段街道非常热闹，它几乎成为整个沙头角地区的政治、经济和文化中心。

中华人民共和国成立之初，骑楼一层外租，共有6间店铺。第一间是中英街居民刘伟强父亲开设的代销店，专门代销各种蔬菜和水果；第二间是"均利鱼栏"水产店，是东纵老战士陈友家开设的，专门经营新鲜

1967年中英街的骑楼已经连在一起，图为沙头角民兵在骑楼前执勤（吴天其 提供）

中英街往事
特区中的"特区"

从沙栏吓村看民国时新界沙头角乡新楼街的骑楼（孙霄 摄）

海产品和咸鱼干货；第三间是理发店，中英街居民沙锦涛小时候就在这家理发店当过学徒；第四间是卖瓷器的散货店；第五六间是连在一起的一家茶楼。

犹昶街西侧的骑楼较犹昶街的两层骑楼更显得高大，第一间是新华书店；第二间是农村信用社；第三四间是经过国务院批准建成的最大一家百货公司——沙头角综合百货商店的前身；第五六间是糖烟酒公司；第七间则是中英街最有名的中药店——济生堂。以上13家店铺的布局和商品经营状况反映了中华人民共和国成立初期中英街商贸业的发展状况。

根据曾玉安先生（新界沙头角商会主席）口述：1898年英国租借新界后，新界沙头角墟逐步发展起来。其中车坪街、新楼街最兴旺。20世纪50年代至70年代，这里的生意超过了中英街。当时很少人去中英街，因为中英街没有东西卖。他本人是不太喜欢去中英街购物的，即使去也是到沙头角综合公司买鞭炮拿到海边去放。

至于车坪街，已经没有了火车。有数家酒楼比较兴旺。新楼街的骑楼至今保存完好，它是在民国初年建造的，共有22间房屋。新楼街曾很兴旺，骑楼一层有许多商店，如米店、洋货店、杂货店、磨谷店、洋服店。它适应了当时乡民的需要。其中的米店逸生昌是老字号，现在还在经营。新楼街挨近渔港，当时差不多有上百条渔船聚集。码头旁有鱼市场。

从中英街七号至三号界碑两侧，除中方榕树头一小段仍是菜园外，基本上都有建筑物。这些建筑物门户相对，相距四五米，各店铺门前地面都整修得很平整，为追求整洁美观，也有人铺上一层灰沙或"红毛泥"。此时，"露兜径"麻石小路的面貌已经基本消失，代之而起的则是店铺相连，隔界相望整齐的一条小街。中英街作为一条商业街的雏形形成了。

根据《宝安县志》记载：民国二十六年（1937年），一次巨大的台风对宝安县造成了严重破坏。尤其是沿海大批房屋和农作物遭到毁坏。台风不仅破坏了庙宇、村庄，也摧毁了东和墟的建筑。

台风过后，中英街一片狼藉。东和墟的店铺开始西移，移到新界沙头角，由此带旺了中英街商贸业的兴起。新界的商人不断将香港市场的"洋货"带到中英街，招来不少生意。同时，中英街也是山货药材出口交投两旺的交易点。从那时起，中英街的商品种类已经呈现"土洋结合""洋为中用"的特点。其边贸商品交易中形成的"香港品牌"正是从这一时期开始萌芽并向外传播。

中英街往事

特区中的"特区"

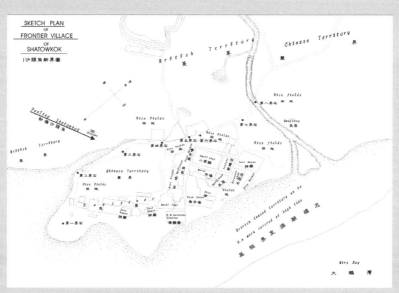

沙头角新界图（夏思义 提供）

中英街街名缘由

笔者曾就中英街形成问题采访中英街居民刘马央（左一）、何集庆二位老人（孙霄 提供）

2008年11月8日，笔者曾就街名问题采访了中英街居民刘马央老人。刘马央于1927年出生在沙头角。刘马央说：他小时候就喜欢在街上玩耍，在他记事前就已经有中英街街名了，华界和英界划分得十分清楚。"中英街"是居住在小街英界一侧的华人最早叫起来的，其意思是"中国人居住在被英国管辖的街道"，故名"中英街"。但当时华界不承认中英街，他们把小街华界一侧叫"中兴街"。其含义有"期待中国兴旺"的含意。那时，邮差送信时，华界居民的信件被送到"中兴街"，英界居民的信被送到"中英街"。这是中英街形成后，长期保持"一街两名"的历史状况。它与"一街分治"是相适应的。港英政府管辖"中英街"，而中国政府管辖"中兴街"。

中英街"一街两名"的状况一直维持到1939年8月，日军占领沙头角

20世纪50年代初期的中英街（吴天其 提供）

中英街目前还保留两块港英政府竖立的中英文路牌。中英街新界一侧标有中英两种文字的"中英街"路牌，很可能是港英政府在20世纪50年代初设立禁区后竖立的。"中兴街"路牌是在20世纪80年代初竖立的，2001年被拆除（孙霄 摄）

以后，不仅不承认中英街的合法性，还出兵占领了整个香港地区。日军在进攻香港前，挖掘并丢弃了三至七号界碑。

1949年3月2日香港《大公报》刊登"沙头角谋杀案昨受审"一文。文中的证人陈恒称"余居沙头角华界中英街无门牌木屋"。这是迄今为止所见到的最早有关中英街街名的文字记载。

中兴街街名被华界居民组织一直使用到1949年。2008年11月10日，笔者采访了中英街社区工作站站长刘伟强（刘马央之子）。他说，中华人民共和国成立以后，中方一直不承认"中英街"，认为承认它就等于承认不平等条约并使其合法化。

1984年，华界沙头角设立中兴街、沙栏吓两个居委会。2001年12月，沙头角管理区体制改革，推行"居改社"，两个居委会合二为一，改为中英街社区居委会。

20世纪80年代，中英街商贸业繁荣后，由于中英街具有唯一性和"香港因素"，以及对后人进行教育之目的，故媒体在报道时，均会采用中英街街名。而大多数人不清楚中兴街的含义，甚至说它是日占时期更改的街名，因而忽略不用。所以人们只知道中英街，而不清楚有中兴街。

1997年香港回归祖国后，有人大代表提出：中英界碑是国家耻辱。"中英街"充满殖民色彩，应铲除界碑，更改街名。然而，中兴街居委会主任刘伟强等人则认为，界碑和中英街街名是历史见证，应予保留，以教育国人，也有利于发展旅游，吸引游客。当时，深圳媒体曾开展过是否更改"中英街"街名的讨论。大部分历史和文博专家从近代历史教育的角度认为应该保留原街名，对后人进行爱国主义教育。保留界碑和中英街街名成为多数人的共识，因此"中英街"街名得以保存至今。

洋人把持的关厂

清康熙二十四年（1685年），清政府在广州、漳州（厦门）、宁波、江南（上海）4处设立海关，称为粤海关、闽海关、浙海关和江海关，首次以"海关"命名。近代中国海关在长达近90年的时间里，一直由洋人把持，一直到1949年10月25日中华人民共和国海关的成立。

清咸丰十一年（1861年），港英政府举行了隆重的接收九龙的仪式，紧接着，英国女王发布了《九龙敕令》，宣布"九龙地区已成为女王陛下殖民地香港的重要组成部分"。同年，清政府正式任命英国人李泰国为总税务司，这一职务后由赫德继任。

此后，各个新海关税务司的职务须由外国人担任，中国的海关大权旁落于英人之手。按照规定，每一关厂设"厂总"一人，由英国人担任；协助厂总的叫"通事"，由华人担任。

鸦片战争后，清政府被迫开放了广州、厦门、福州、宁波、上海五口通商，丧失了关税自主权，海关受到列强的控制。

"关厂"是列强用枪炮打开中国大门后，为了获得更多的利益以及控制中国的关税和贸易权力而设置的，是近代中国遭受屈辱沦为半殖民半封建社会的

1897年竖立的九龙关碑（深圳博物馆 藏）

19世纪末清朝设在边境的关厂
守卫（深圳博物馆 藏）

深圳河关厂。清光绪二十六年（1900年）九龙关在深圳地区设立了"深圳河关厂"（深圳博物馆 藏）

标志。

清光绪二十四年（1898年），中英《展拓香港界址专条》签订后，英国强迫清政府将九龙关下设的5个关厂北迁。清政府在无奈之下，只有将九龙关从原来新安县的港九地区转移到大铲、伶仃、三门、沙头角和东澳。这5个关厂被称为"九龙新关"。

清光绪二十五年（1899年），英国接管新界后不久，沙头角"十约"的父老向地方长官请愿，请求不要将新界作为租借地。他们担心新

参加深圳河关厂开关典礼的中外官员。海关的
具体工作：一是税收；二是边境巡逻；三是海上巡
逻。税务只能由少数法律授权的税务机关来收取。
边境巡逻由巡逻部负责，在每个辖区都设有巡逻总
部。沙头角被确定为从莲麻坑到小梅沙巡逻辖区的
巡逻总部，在盐田和陈坑也设有分部。它同时也是
大鹏湾西北地区的税收站和大鹏海事巡逻区的巡逻
总部（深圳博物馆 藏）

竖立在大铲岛的九龙新关
大铲关厂碑（深圳博物馆 藏）

界一旦被租借，沙头角水域将会成为香港的水域。他们将要面对"过量税收"，尤其是港口费和海事费。

1899年3月，中英两国刚完成对沙头角的勘界，一些象征界限的木桩出现在一条干涸的河床上，它标志着中英边境界限的形成。虽然沙头角从此有了一道新划的界限，但由于当时在边境线上未设任何边防哨卡，界限两边乡民的来往仍是自由的。繁荣的华界墟市仍吸引了四方大批乡民来此赶墟。

据1852年来到沙头角传教的韦永福牧师观察，当时沙头角镇上的人口不超过500人。其中沙头角关厂的职员大约有100人，占当地人口的五分之一。驻守边境的士兵约30人，香港警察约25人。当时，这些人都驻扎在小镇上，镇上人口的增长促进了小镇经济的增长和小镇服务业的发展。比如，小镇上开始出现客栈、缝补店、印染坊、西饼屋、烟馆等店铺，甚至出现了赌场等娱乐场所。服务业和娱乐业的兴起和发展为关厂职员和士兵提供了许多消费的机会。

清光绪三十二年（1906年），沙头角来了一位名叫"咪喇"的英国人担任沙头角关厂的厂总，这位"洋厂总"刚到任就为自己物色了一个名叫卢守中的华人担任关厂通事。沙头角关厂大约有70至100名职员。通事由厂总选定，协助管理关厂工作。因此，厂总和通事经常勾结在一起，对当地商人的货物进行盘剥。如果没有行贿的钱，就一斗八升米也要截回。新界乡民来东和墟市购买土布杂货，即使数量很少，卢守中也要勒索半毫到一毫银两才肯发放行条。否则，动不动就扣物打人。

对于墟市出售和购买的小猪仔，报关检验时，也要被厂总和通事勒索"挂号钱"，每头猪计收40文铜币。每逢节日，附近各村的妇女、小孩会来墟市购买生油、土糖，还要交纳"规例钱"五六十文至120文或130文后才给验单放行。有一年冬天，居住在新界的乡民策划并组织发动了一次罢市行动，他们拒绝去墟市做买卖。其目的无不包含着针对海关勒索所发泄的不满情绪。

对于"过境耕作"的乡民，无论是从华界到新界，还是从新界到华界，关厂不会放过任何敲诈勒索的机会。比如：每头耕牛，他们也以给凭单为名进行勒索，并收取关银20元。如果遗失凭单，除加重处罚外，还要将耕牛没收充公。在收获季节，挑谷物过界时，也要被他们任意截留，说是抽取一定的成数充公，实际上是被厂总和通事独吞。厂总和通事勒索成性，同流合污，激起商人和乡民的反抗，甚至罢市。

清光绪三十三年（1907年），通事卢守中指使厂役围攻未缴税的乡民，群众看不过眼，纷纷打抱不平，由此引发大规模的群体暴动。群众将关厂的巡丁和厂役殴打和追逐，巡丁一看寡不敌众，抱头鼠窜。乡民们非常愤慨，联名给县衙写信控诉，抗议"官吏虐商困民"，要求县衙给予惩处。

导致关厂与乡民发生冲突的原因：一是沙头角关厂还不是一个正式口岸，管理制度上的不健全难免引发腐败现象；二是关厂直接面对的是当地的乡民，一旦出现侵犯乡民利益的事件就会直接引发矛盾和冲突。

1911年，广九铁路建成通车，清政府在罗湖桥旁设立了九龙车站关厂。1913年新安县改为宝安县后，九龙关在宝安县设立了垃圾尾、大铲、文锦渡、罗湖、莲塘、沙头角、大鹏、南澳、沙鱼涌、澳头、三门岛等13个缉私关厂。九龙新关及其所属关厂，通过海关条例控制了进出口。

沙头角关厂的设立给乡民带来了许多困惑，自己生产的农副产品一会儿变成出口商品，一会儿变成进口商品，而且还要缴纳关税。英国人长期占有九龙海关总税务司和各个新海关税务司等重要职务，从中操纵税收和进行大肆盘剥。

当地传统的墟市交易活动突然增加了过去从未听说过的"进出口"概念。譬如：乡民们把区内生长的甘蔗运去深圳，提炼成糖后再送回新界贩卖，就变成了"进口甘蔗"和"出口蔗糖"。从新界禾坑或南涌来

19世纪末粤港边境的边防和关厂守卫。沙头角关厂与乡民之间爆发的激烈冲突，反映彼此结怨已久，其中厂总与通事之间相互勾结，盘剥百姓是冲突的直接原因（深圳博物馆 藏）

沙头角关厂旧址。1937年，沙头角关厂整栋建筑物被台风摧毁，重建后的关厂建筑成为一栋两层高的楼房。海关位于两个码头之间，西边是公共码头，东边是海关码头。位于海关和天后宫之间有一个小亭子，主要出售往来沙鱼涌的船票。当时，乡民们把洋人管理的关厂称为"洋关分厂"。这种称呼就像是乡民把一些进口商品称为"洋布""洋火"和"洋油"一样（中英街历史博物馆 提供）

的乡民在东和墟购买耕种用的牲畜或猪种，就成了"出口牲畜"；购买犁耙或镰刀，则是"出口铁器"。如果乡民将布匹拿到东和墟制作成衣或染色，就成为"进口衣服"。它绝不仅仅是增加了一个"进出口"的概念，而且凡进出沙头角关口的货物必须缴纳关税。

1930年，政府开始对鲜鱼征收很重的进口税，这就使从沙头角到深圳的鲜鱼贸易面临着同样的问题。

关厂的设置未能遏制沙头角边境地区不断发生的走私现象，因此，关厂和走私犯之间的矛盾日益加剧，进而成为导致边境地区发生暴力冲突的一个主要诱因。当时，经常发生的盗匪劫掠事件就是关厂罚没走私物品后引发的。

夏思义博士在《英国皇家亚洲学会香港分会会刊》上发表的沙头角边境地区的情况表明，当时的边境形势比较混乱，盗匪们袭击的目标主要是关厂。根据盐田海关的报告，在1913年和1916年期间曾3次被盗匪掠夺。陈坑海关是在1915年，葵涌海关发生在1916年和1917年，沙鱼涌海关在1919年和1920年。在1918至1919年的一年半中，所有在大鹏湾盐田以东的海关站均被迫关闭。

从1927年至1937年这10年间，边境冲突伴随着走私活动几乎每年都有发生。在巨大的物质利益诱惑下，边境走私活动一年比一年猖獗。1938年，日本军队的入侵使原本复杂的边境问题更为严重。当国民政府失去对这个地区的统治权后，大鹏湾的海关就关闭了。

九龙海关是在列强割地的狂潮中，伴随着租借地的出现而产生的。关厂的设立和北撤，则是1899年4月，九龙正式租让英国后，九龙人民争取自由和矛盾不断激化的结果。

关厂的设置及关税权力的斗争，一方面表现在关厂的外国与地方官员的勾结上，他们克扣关税，鱼肉百姓，激化了乡民与关厂及封建统治阶层的矛盾。另外，由于腐败的清朝统治集团内部矛盾重重，软弱无能，被外国列强所利用和胁迫，关税利益及海关控制权力被外国列强所掌控，因此使国家利益受到极大的损害。它不仅激化了民族矛盾，也使中国社会进一步陷入了半殖民地化的深渊。

1938年10月12日凌晨，日本南支派遣军以优势兵力强行从惠阳淡水大亚湾登陆，兵分三路进攻广州。11月，广州、深圳相继沦陷。1939年8月，深圳墟沦陷，日军占领了沙头角。英国军警为防止日军，在中英街构筑铁丝网并悬挂英国国旗。

第五章
抗战中英街

1938年日军控制了广九铁路（深圳博物馆 藏）

日军在东莞和宝安交界处（深圳博物馆 藏）

1938年10月12日凌晨，在猛烈的炮火掩护下，日本南支派遣军从大亚湾登陆。驻防霞涌附近的国民党军队一个营遭到日本海军、空军轰炸，大部分将士牺牲。登陆日军分左、中、右三路向广州推进。

10月21日，广州失陷。23日晚，日军占领虎门要塞。

10月26日，日军又攻陷了佛山，并按照作战方案迅速向南推进，切断了经港澳向中国内地输送物资的国际物资运输线。

11月26日，日军占领深圳。不久，由于英国出面干预，日军一度退出深圳地区，沿广九线北撤，占据广九铁路广州至深圳段，烧杀抢掠，无恶不作。

1939年8月14日凌晨，日军十八师团步兵第一一四联队主力，重新占领了宝安。国民党守军一五三师、一五九师不战而退。15日，深圳和沙头角沦陷。日军飞机对惠宝沿海城镇和村庄进行疯狂的轰炸和扫射，当地乡民为逃避战火纷纷离家。

日军攻占深圳南头城（深圳博物馆 藏）

1938年日军从大亚湾登陆（深圳博物馆 藏）

英日对峙

日军占领沙头角后，沙栏吓村几乎变成了一座无人村，绝大部分乡民携家带口去新界避难。在中英街香港一侧集结的英国军警提前在中英街街心拦了一道铁丝网，图谋阻挡日军南下，并在铁丝网上悬挂了米字旗。

日军与英国军警在中英街隔着铁丝网保持对峙状态。日军还在中英街桥头和海边构筑了坚固的碉堡和单兵掩体。凡进出关的乡民都必须接受检查，稍不留意就会遭到日军拳打脚踢。

日军出于自身的安全考虑，把营房设在镇内沙头角关厂旧址，却把两个中队的伪军安排在中英街关外的张天贵大院和沙井头西村炮楼。中英街成为日军进攻香港的前沿阵地。他们把岗哨设在边境线上。在中英街四号界碑处，日军哨兵手持三八大盖，隔着铁丝网，枪口指向香港一侧。

从日军在中英街布防的照片可以看到，从日军占领沙头角到进攻香港前，中英街一直处在一片恐怖的气氛之中。

据乡民回忆，日军占领中英街后作恶多端。中英街桥头附近有一个大坑。在桥头站岗的日军，有时会突然把过桥的老乡推进坑里，老乡爬上来后又被推下去。日军以此故意拿中国人取乐和侮辱，根本不把中国人当人看。乡民经过桥头的岗哨时，日本兵还强迫中国人给他们磕头，不磕头就要挨打。

沙头角关外有一个叫"杀人坝"的地方，日军经常抓来一些无辜的

日军在中英街四号界碑处设岗，与英国军警对峙（夏思义 提供）

英国军警为阻止日军，在中英街拦了一道铁丝网，并挂出英国米字旗（夏思义 提供）

百姓押到那里处决。面对暴虐无比的日军,乡民们心里充满了仇恨,有的老乡甚至对未来的生活已不抱什么希望了。

在中英街南侧的新界八婆山下,距中英街只有百米之遥的山咀村关帝庙,当时也成为日军的军营。抗战时期,日军在那里修建了4个炮台、1个防空洞。

日本兵在山上建炮台时,要求住在中英街两边的乡民,每家必须出一个劳动力去给日本人往山上挑石头,挑一天石头只派发半斤臭米。每挑一担石头,日本兵就用子弹头加盖一个印。当时,沙头角老乡的生活非常艰苦,没有东西吃,人们只有到海里打捞海草充饥,为日军挑石头修工事实属被逼无奈。

据乡民吴克平回忆,日军占领沙头角后,整个村庄都变成了日军占领区。很多乡民跑到香港去避难。中英街更是萧条冷落,绝大部分商铺都关了门。

日军在镇内桥头街构筑的单兵掩体(孙霄 摄)

日军驻守深圳河北岸对香港虎视眈眈（深圳博物馆 藏）

1941年12月香港沦陷后，乡民的生活更加困苦，人们陆续从香港返回华界家中。虽然回到家里，但行动仍不自由，尤其是物资供应匮乏，粮食非常紧张。当时，如果去盐田买趟米，来回就需要两个半小时，而且每人每次只能买3斤米，乡民常常吃不饱肚子。直到1945年日军投降，乡民才结束这段不堪回首的日子。

香港是一个优良港口和国际商业中心，同时也是日本经冲绳、台湾到东南亚各地的中心枢纽，其战略地位十分重要。

1941年12月7日，日本海空军偷袭了珍珠港，太平洋战争爆发。8日，日本空军派出12架轰炸机轰炸了香港启德机场，迅速摧毁了英国空

杨慕琦（1886—1974），1941年9月10日任香港第21任港督。1941年12月25日，日军攻占香港后，任职不到4个月的港督杨慕琦宣布投降。双方在半岛酒店签订条约。1945年日本投降后，5月1日，杨慕琦重新担任港督。1947年5月17日任满离港（资料图片）

军的飞机和设施。

日本陆军分两路进入新界，并开始进攻香港。他们一路经深圳沿广九铁路进入上水、粉岭，直插大埔和沙田；一路从宝安渡河，沿青山道向西南推进。日军第二十三军司令官酒井隆、第三十八师团佐野忠义，率所辖步兵第二二八联队、第二二九联队、第二三〇联队及第一炮兵队、飞行队、海军等共39,000余人，分三路向香港岛发起强攻。他们突破英军的防御体系后，于19日先后在鲤鱼门、筲箕湾、太古船坞及北角铜锣湾一带登陆。之后，日军在攻占香港岛的战斗中遭遇到英军的顽强抵抗，并一度受挫。尤其是在争夺黄泥涌水库的战斗中，双方进行了整整4天的激战，水库最终被日军攻下。

12月25日，港督杨慕琦在数次拒绝日军的劝降后，终因败局已定而被迫投降。9,000多名英军放下武器，香港沦陷。

从1941年12月到1945年8月，是香港历史的日占时期，计"3年零8个月"，也是香港市民经历的最漫长、最黑暗的岁月。

叶定仕（1879—1943）。叶定仕出生于香港新界莲麻坑村，为莲麻坑村第八始祖。1907年，由孙中山先生主盟，在泰国加入中国同盟会和中华会馆。任同盟会暹罗分会会长。1908年担任革命团体"振兴书报社"社长。香港沦陷后，叶定仕为避免有关孙中山先生的文物和史料落入日军手中，将其藏匿故居某处。1943年叶定仕因病逝世（叶瑞山 提供）

日本通过占领香港，实现了控制东南亚和中国东南沿海的野心。1942年1月，日军在宣布香港为日本占领地的同时，对香港市民实行了残暴的战时殖民统治。为强化统治，他们在港大肆推行"日化"运动和奴化政策。

他们以日本化代替英国化，香港被改名为"香岛"，公元年号被改为日本年号；强迫香港市民使用日本天皇年号，提倡日语，强制香港人民使用"军票"，借助"华人疏散方案"强制驱赶华人出境；并对17家所谓"非中立银行"实行强制清算，吞占和控制了这些银行的资产。

抗日情报工作

中共沙头角地下党负责人刘德谦。抗战爆发后，刘德谦受香港海员工作委员会委派，从海外回到沙头角，他任中共沙头角地下党负责人，并以东和学校校长的名义为掩护，领导和开展沙头角地区的抗日工作。1949年后，曾任东和乡民主政府沙头角办事处主任（何集庆 提供）

中英街东和小学距今已有100多年的历史，它是沙头角"十约"发动乡绅捐资建成的。相传在抗战时期，沙头角伪乡长吴胜如、联防队长张卫权为了掩饰劣迹，把渔捐、渔税等鱼肉百姓得来的钱拿出来开办了沙头角东和义学。中共沙头角地下党组织抓住这一时机，将进步教师温炳、陈佳章、梁卓雄、陈永良等人安排到东和义学任教，主要任务就是以学校教师的合法身份作掩护开展情报搜集工作。这些教师和地下党员通过在伪乡公所的食堂搭伙就餐的办法，来接近那些伪乡政警人员，从他们的言谈中获取各种情报。另外，他们还通过开展群众体育活动争取和团结各界人士，特别是青年人。

东和义学教导主任、中共地下党员李吉芳利用这一办法，成立了近30人参加的"东和体育会"。何集庆就是以学生身份，组织高年级学生和社会少年成立了一个"少年体育会"并担任会长。"东和体育会"与"少年体育会"通过开展体育活动，从中进行串联，讲述游击队打日本鬼子的故事，灵活地宣传抗日政策和介绍游击队的活动情况。他们还组织儿童团活动，使许多青少年深受影响和教育。他们从青少年中选择一些思想进步和性格坚强的学生作为骨干培养，在紧急情况下为地下党传递情报。

沙头角恩上村的李志坚、李东发、李观胜、薛平，山咀村的黄耀群，塘肚村的张俊儒，元墩头村的丘健明、丘平、李国平，径口村的刘德钦、刘德才；暗径村的何马生，沙栏吓村的吴克平、吴平、吴泮池、丘山，沙头角镇内的钟瑞玲、曾瑞英、刘马央等人都曾为地下党传递过情报。

有一次，何集庆会长有紧急情报要送去盐田，经过恩上村时，由李志坚同学化装成放牛娃，掩护会长直奔盐田，顺利完成了传递情报的任务。

当时，中共沙头角地下党组织高度重视中英街日军布防活动的情报工作。刘德谦受中共香港海员工作委员会委派，返回深圳参加了沙头角地下党的组织领导工作，除培养了一批具有进步思想的学生给东纵送情报外，还动员有一定政治觉悟的群众给游击队送情报。沙头角镇内的义兴渔栏、均利渔栏、茂生堂和济生堂药店在当时都是地下党的交通联络点。

中共沙头角地下党员李吉芳。抗战爆发后，李吉芳一直以东和学校教师的身份为掩护，开展地下工作。港九大队沙头角中队成立后，他作为中队情报员，搜集日伪军的情报（何集庆 提供）

港九大队沙头角中队情报员何集庆（何集庆 提供）

抗战时期中英街居民何集庆的全家福。何集庆（右二）的祖父何其玉，1920年在中英街39号开办了"茂生堂"中药店。由于药店靠近中英街桥头，对面是日军哨所，何集庆当时虽然年纪还很小，但人却很机灵，他经常利用药店做掩护，搜集日军情报，监视桥头日军的布防情况（何集庆 提供）

港九大队短枪队的战士化装侦察（何集庆 提供）

位于中英街华界的均利渔栏是陈友家开设的。日军占领中英街那年，陈友才十二三岁，他年纪虽小，但已经是一位勇敢的少年交通员。陈友搞情报的方式很独特，他是利用给日本人送鱼的机会，到日军的碉堡上去察看日军的人员和兵力部署，然后送给驻扎在鹿颈的抗日武装部队。这座由日军修筑的碉堡位于中英街三号界碑处，由于碉堡位于中英街购物人流最为拥挤的地方，20世纪80年代因妨碍交通而被民工拆除。

情报的传递工作一般是在情报到达交通站后，由交通员及时将情报送出去。根据不同任务的需要，交通员有时化装成探亲的小孩、放牛娃、学生，妇女则装扮成种田的农妇、回娘家的媳妇等。任务紧急时，会由秘密交通员来送情报。

中英街鸿福桥是内地通往新界的要道，日军设有关卡，查验比较严格。我方情报、交通和游击队的有关人员往来要通过这一关卡，必须持有由乡公所印制、日军警备队长签发的通行证。

东和义学中共地下党员李吉芳老师利用与警备队长打麻将的机会，故意给他"吃和"，在他玩得兴高采烈时，突然从裤袋里取出已经填好的通行证要求盖章，他便痛快地给盖了章，李老师便顺利地拿到了通行证。

陈友老人回忆，香港沦陷后，地下党开展了对被困香港爱国民主人士和文化人士的大营救工作，其中的一条秘密交通线就是沙头角至惠阳沿海。为了营救他们，中英街地下交通站曾秘密把一批文化人士从香港转移到沙头角，再由东纵武装护送到惠州等地。

沙头角有一个机智勇敢，名叫王兰娇的女交通员。1943年，她在一次执行送情报的任务中，胆大心细、巧妙闯关，把伪军在沙头角的布防情报送到了盐田惠阳游击大队领导手中。根据这一情报，惠阳大队两次深夜出击，消灭了沙头角伪军的两个中队。

1944年，游击队急需手枪，交通站领导就把送枪的任务交给了王兰娇。她扮成了一位探亲的农妇，冒着生命危险把手枪藏在礼盒的底层，礼盒上层摆放着猪肉、茶果等物品。

王兰娇从径口村走进沙头角关口哨所，经过中英街、新楼街至码头关卡，赶到交通船时，码头周围只有两三个人。她担心立即上船会引起日本兵的怀疑。于是，她故意不慌不忙地站在码头上装作在等人。不一会儿，来了一位背小孩的妇女。她就故意搭话并一起上船过海，把手枪送到了新界乌蛟腾游击队领导人的手中，出色地完成了任务。

1943年3月初，港九大队根据对敌斗争的需要，决定成立沙头角中队。沙头角中队成立后发展得很快，从开始的16人组成的小分队发展到下辖3个手枪队、1个长枪队、1个民运队、1个税站、1个情报交通站共100多人的队伍。

沙头角中队诞生后，中队长先后由林冲、莫浩波、邓华、副大队长罗汝澄（兼）担任，指导员由何杰、罗广智担任，副官由罗欧锋担任。沙头角中队在打击和牵制日军、保护交通线、救护文化名人和盟军人员、建立根据地、开展游击战和搜集情报等方面发挥了重要作用。

港九大队大队部设在香港西贡，政治部设在新界沙头角乌蛟腾。沙头角中队队部设在新界沙头角鹿径。他们的主要活动范围在沙头角、大埔、粉岭、上水一带。这一地区北连宝安梧桐山，西接深圳罗湖火车站铁路桥，是港九地区通往广州及惠东宝地区的铁路、公路必经之地。因此，这里是敌我双方激烈争夺的军事要地。

为了尽快打开局面，上级决定由沙头角中队（手枪队）拔除日伪设在吉澳岛上的日伪据点。1943年初秋的一天，林冲中队长带领约15名战士，在朦朦月色掩护下，乘小铁樵（渔船）登上吉澳岛。战士们到达吉澳岛时，敌人正在打麻将，整个战斗打了1个多小时。敌人害怕被游击队包围仓皇逃跑了。这次战斗，击毙伪军数人，缴获左轮手枪2支。张立清同志在战斗中英勇牺牲了。

1945年9月13日，"沙头角军民庆祝抗日战争胜利暨劳军大会"在沙头角镇内东和学校的操场上举行，会场两侧的楹联特别引人注目："六两米两钱油披星戴月求解放，千重山万里路卧薪尝胆报国仇。"当时，会场秩序井然，气氛热烈，虽然没有什么文艺表演来助兴，但战士们的抗战歌声，老乡的欢庆锣鼓声，再加上乡亲们的掌声，会场的气氛也显得非常热闹。乡民彻底消除了曾在日本铁蹄管治下的恐惧心理，会场上呈现了热烈的气氛与和谐的景象。

港九大队海上中队队长罗欧锋
（何集庆 提供）

庆祝大会由东和乡民主政府沙头角办事处主任刘德谦主持，港九大队沙头角中队指导员罗广智以及方汉光等同志先后发言。李吉芳同志代表沙头角群众宣读慰问部队的物品清单。

港九大队副大队长罗汝澄代表游击队接受了慰问品并致答谢词。他不无感慨地说："不要小看一两条咸鱼、二三两蕃茨，这是乡亲们的情、乡亲们的心呀。乡亲们自己都没有粮食，还想方设法找一点粮出来送给我们，真是军民骨肉情呀。"

日本投降后，逃往新界避难的中英街乡民陆续返回了华界。在香港沦陷的3年零8个月中，他们过着漂泊不定的艰苦生活。其中，也有少数乡民参加了游击队，成为港九大队沙头角中队一名光荣的战

1945年8月15日，日本宣布投降。图为日军在香港港督府交出指挥刀给英国代表（香港历史博物馆 藏）

士，为赶走日本侵略者做出了贡献，也有人在战斗中光荣牺牲，献出了年轻的生命。

为纪念在抗战中牺牲的革命烈士，东江纵队司令员曾生亲笔为"沙头角革命烈士纪念碑"题词。

复界：港英恢复边境管治

1945年8月15日，日本宣布无条件投降。当时，根据盟军最高统帅部的划分，香港属于中国战区。中国战区的统帅是蒋介石。由于当时蒋介石未能及时派出军队接收香港，所以被英军抢占了先机。

8月30日，英军派出军舰驶抵香港，中英经过谈判，国民政府同意由英国代表战胜国正式接受驻港日军投降。中国政府一再退让，在日军投降的绝好机会中丧失了收回香港的时机，香港再次被英国管治。

沙头角中英街界碑源于1899年中英两国在勘界时共同竖立的木桩，上写有"大清国新安县界"。中方代表当时就提出在沿线竖立界碑，以示郑重；但英方代表不同意，表示日后应沿九龙割占地之例全线竖立栅栏。但英方后来未如此办理。

1905年港英政府公务局在沙头角边境竖立了永久性石质界碑。其中三至八号界碑位于今中英街。1941年该界碑被日军以"影响交通"为名丢弃。1945年日本投降后，粤港边境实际上已没有边境标志。港英政府急于重新确定租借地的历史地位，希望尽快与中方协商重竖界碑的事情。

1946年4月27日，港英政府公共工程部土地测量员柯林斯在中方高级测量员黄汉陪同下，来到新界东北部的沙头角查看了位于中英街的一至八号界碑。查看后，柯林斯专门撰写了《中英边界勘察报告》，并向上司报告了界碑分布情况。

中英边界勘察报告

1946年4月27日和29日

4月27日，星期六，我在边界东段检查了沙头角的八个界标，随行的是中国高级测量员黄汉先生。我发现，在这些界标中，只有前两个完整无缺、状况良好。其余六个已经连同底座一起被拔除并且在距离它们原址一段距离的不同地方全部被找到，就这样形成了干燥的碎石垛墙。

在沙头角观察发现，中国人建立了他们自己的边界界标，在边界上距离英国一面几英尺的地方装有一面旗。视察期间中国士兵或官员都未遇到任何困难。

（签名）S. C. 柯林斯

土地测量员

1946年5月2日

1946年10月12日，中国外交部代表李瀚、地政局代表曾隼秋、会计处王睿、民政厅王仁佳在广东省政府民政厅会议厅召开了"整理沙头角中英界石案第二次座谈会"。座谈会由王仁佳报告了自9月16日召开第一次会议商议的多项办理步骤，以及由地政局派人前往沙头角测勘旧界和绘图；并通报了粤海关税务司公署来函转来九龙海关抄送的沙头角新界图一份。从图中可以看到，对中英界石位置的记载甚为明晰。同时，根据宝安县政府报告"中英界石虽已被毁，惟此界之遗留痕迹尚可辩认"的情况，可以派人前往宝安县政府会同派员依图勘对，如属无讹便可呈复外交部核办。

这次会议作出了4项决定：

根据九龙关送来的沙头角新界图所绘中英界线，由外交部两广特派员公署及省府地政局派员前往会同宝安县府勘明石界遗留痕迹是否与图载相符；

赴勘人员旅费先由省府垫借20万元，由外交部两广特派员公署并入办理此案，预算呈请外交部拨还归垫；

由地政局复制沙头角新界图6份备用；

会勘清楚后，由外交部两广特派员公署将调查此案经过情形，连同有关文件及造具经费预算呈复外交部核示。

为查验沙头角界石是否与图载相符，广东省地政局派丘明学股长，并会同外交部两广特派员公署科长李瀚、吴俊章和宝安县政府陈嘉会一行4人赴沙头角实地查勘。5天后，他们把查勘情况写了一个报告：

"查本案应施行查勘区域，即在沙头角附近，由第一界石至第八界石，经过地带据当地巡官王铭章及正副乡长暨地方绅耆等，所引指各该界石之位置，查其附近之地物地形，虽与两广特派员公署检送之沙头角新界图，及九龙关抄送之新界图等，所示之地物地形多未符合（界石经过两旁全数建筑店铺），惟上开图内所示第一界石于南之海，及第三界石于西之桥梁、车站、等地物，与现在实地情形尚相吻合，且第一、第二两界石，仍巍然存在，而第三、第八之遗留痕迹，又班班可考，复查由第一界石至第八界石，各该界石间之是地距离，与上开两图所示之距离，均约相等，是可证明当地巡官、乡长、绅耆，所引指各该界石之是地位置，与上开两图所示之位置大致尚合也。惟第四、五、六、七等四个界石位置（当地人士所指引）全无痕迹遗留，虽其各该界石间之是地距离与上开两图所示之距离约相等，惟其方向间有偏差，（第七界石偏差较大），现该地区之地物地形已大部变更，而当地人士所指之第四、五、六、七等各该界石之方向，又略有偏差。似应再派人员重新施测，以符地形。而策精确除将（当地人士所指）第四、五、六、七等界石之位置另在查勘略图内分别注明外，谨将查勘结果、连同查勘略图二份，一并报请察核。"

1947年2月26日，外交部驻两广特派员公署召开座谈会。会议决定于4月5日前，派省地政局股长曾隼秋和技士古士宗，携备测量仪器前赴沙头角精密测绘中英边界现状。此行仍由宝安县政府派员协助，并通知深圳镇公所会同前往，沙头角乡镇保长等人也到场协助。当时，测量所依照的图纸是九龙关和英驻穗总领事馆送的沙头角中英界石图各一份。经详细研究后，他们将其比例尺化为分数，一为1/1536，一为1/1980的比例，将两图所标示界石的相同位置及距离，两相核算对比大致相符。

沙头角中英街界石图实地距离比较表（单位：米）

图例 界石号	九龙关 提供数据	英驻穗领事馆 提供数据	实地测量距离 （1947年）	英方实测距离 （1980年）
1—2	102.84	103.55	101.376	102.564
2—3	90.01	88.11	89.856	87.120
3—4	72.19	76.82	71.474	76.032
4—5	43.01	40.79	42.240	40.788
5—6	28.88	28.71	29.184	28.710
6—7	94.00	92.07	92.928	91.080
7—8	25.34	26.73	25.344	26.730
合 计	456.27	456.78	452.502	453.024

7月9日，省地政局测绘人员在沙头角警察派出所巡官陈奏勋、东和乡副乡长曾宪壑引导下来到中英界线及原竖立各界石地点，发现第一号、第二号两界石接近英界新楼街涌边尚屹立无恙。第三至第七界石系沿中兴街道经过，全被彻底拔去，原来的5个界石被移置于鸿福桥头第七

中英街往事
特区中的「特区」

　　葛量洪（1899—1978），1947年7月25日抵港接替杨慕琦就任第22任港督。1945年日本投降后，英国重新管治香港。1947年10月，葛量洪上任不久就受命去南京国民政府洽商香港问题。港英政府决定恢复对粤港边境的管治。国民政府委派广东省地政厅具体办理（资料图片）

1947年葛量洪受命到南京商谈香港问题（资料图片）

1948年4月15日广东省地
政厅厅长徐景唐率团来到沙头角
视察复界工作（资料图片）

粤港重勘沙头角界石英文影印件
（资料图片）

界石附近草地，并无痕迹遗留。第八界石则在鸿福桥下的上流河中，已经被水冲倒。据当地人士称，抗战时期，英方曾沿界线架设铁丝网，现该铁丝网虽然与界石一并拔去，但却留有铁枝基脚可以辨认。对照九龙关和英驻穗总领事馆送来的图纸对比检查，并经精密勘对，其各点方位与距离，大致相符。

1947年7月25日，葛量洪抵达香港就任第22任港督。10月1日，他受命赴南京会晤蒋介石商讨香港问题，其中就有在粤港边界重竖中英界碑的问题。

日本投降后，香港重新被英国管治，由于粤港边界已成为无界碑的边界，所以，英国多次要求中方重新勘定边界并竖立界碑。在英国的多次要求下，1948年4月，根据南京政府通知，广东省派出了以省民政厅厅长徐景唐为团长的代表团到达香港，与新界理民府班辂为团长的港英方面协商重新勘界事宜。

4月15日，双方代表团抵达沙头角，其路线与当年王存善与骆克勘界的路线基本一致，即从沙头角至深圳河源头。当时的记载是："测勘工作最先由东西海滩上第一二方界碑开始，然后向西进入市街，再越市街而至墟外之黄泥河，沿途均依旧界重侧（测）一次，勘定竖碑位置，以备重新竖立"。"勘界工作由下午一时开始，历两小时许始告完成，每一界碑位置测定后，即用白粉作标识，另由工程人员另行竖碑。"

在对1899年所定界限重新勘定后，把5块界碑重竖起来作为标志。除保留界石上刻有的"光绪二十四年中英地界"字样外，又在第五号界石背面加刻上"中华民国三十七年四月十五日重竖"。4月17日，中英双方代表在国民政府两广特派员公署办事处内签订了《重竖沙头角中英界石备忘录》。

重竖沙头角中英界石备忘录

沙头角中英界石，因一九四一年（中华民国三十年），香港沦陷后，有为日本军队移去。胜利后，经中英双方政府同意，就原有地点重行竖立界石。中国方面代表由广东省政府民政厅长徐景唐领导，英国方面代表由香港新界理民府班辂领导，于一千九百四十八年（中华民国三十七年）四月十五在沙头角相会，经实地踏勘，双方代表商定如下：

（一）沙头角中英边界之第一号第二号界石系竖在原处，双方同意可仍旧不动，但第三号、第四号、第五号、第六号、第七号共五块界石均经日人移动，经双方代表踏勘后，同意将原有界石重复竖回原处，并在该五块界石上刻明："中华民国三十七年四月十五日重竖"。

（二）原有界石第八号系在河床中心点，因水流关系，已将之冲倒。因此双方同意在河之两岸各竖标志石一块，以指明第八号界石之位置在该两块标志石相距之中心点。该两块标志石，一块号以"甲"字，一块号以"乙"字。双方同意在该两件标志石上刻下列字句："此标志石甲、乙号距离标志石甲、乙号柒拾英尺，甲号及乙号两标志石相距之中心点，即为河床内第八号界石之位置。"

（三）双方代表当场协定，各个界石（第一号至第八号共八块）之真确方位及距离，由中英两方会同踏勘，记明在地图上，以资证明。该地图须备两份，由中国政府及英国政府分别指派代表签押作实，各执一份。

广东省政府民政厅长　徐景唐

香港新界理民府 J. Barrow

见证人　吴信雄

C.B.B.Heathcote-Smith

一千九百四十八年四月十七日

中华民国三十七年四月十七日

中英街往事

特区中的"特区"

1947年，发生在沙头角的重竖界碑事件，从提出、调查到完成，花费了整整两年多的时间。粤港重竖界碑是英国在日本投降后，为延续对香港的管治而非常急迫地采取的一次行动。经过多年抗战，中国人民同仇敌忾，打败了日本帝国主义，中国作为战胜国，却由于蒋介石当局未能抓住这一有利时机收回香港而留下了历史的遗憾。

　　如今，当我们漫步于中英街仔细查看界碑时，在1948年重竖的中英街第五号界碑上已经看不到"中华民国三十七年四月十五日重竖"的字迹，它不像是因为字刻得太浅遭到自然风化后消失。因为早在1905年港英政府公务局在中英街竖立的界碑，上面的字迹至今仍比较清楚。另外，从英国界碑型制来看，界碑下面还应该有一个石基座，中英街一、二号界碑由于地处开阔而曾保留下来。由于三至七号界碑位于小街，地域狭窄，界碑下面的石基座有可能在修路和改造时被埋在地下。当然，也不排除抗战时期基座被日军挖掘丢弃的可能。

　　中英街上保留至今的界碑具有重要的历史价值和文物价值。香港学者刘智鹏、丁新豹、刘蜀永在《中英街的历史价值和未来发展初探》中写道：中英街最引人注目的和最有文物价值的就是矗立在街道上刻有"光绪二十四年、中英地界"字样的界碑。有关英国占领香港地区的实物见证，除了分别保存在伦敦和台湾的3个不平等条约原件、保留在爱丁堡的英国接收新界时用过的英国国旗外，留存至今的就是这些界碑了。

1951年，粤港两地基于政治和安全方面的考虑，几乎同时决定封锁边境，加强管理。沙头角边境成为边防禁区。港英当局在新界沙头角实行"宵禁"。华界实行"政治边防"和"军事边防"，边境形势骤然紧张。

第六章
中英街的初步发展与冲突

禁区的形成

中华人民共和国成立前夕，港英政府为了扩大警力，制定了一系列针对华人的管理条例。尤其是1949年8月17日，港英立法局通过的《驱逐不良分子出境条例》，这一条例比1842年宵禁时限制华人行动自由的规定还要严格。

为了打击非法入境和其他跨境犯罪活动，1951年2月15日，广东省决定加强边境管理，往来旅客经由对外开放口岸须持公安机关签发的《出入境通行证》进出境，其他沿海沿边地区一律禁止进出。在边界设立边防线封锁边防，以加强对边境地区的管理。沙头角部分地区被列为边防禁区。

5月25日，香港政府宣布在边界地区实行宵禁。6月15日，香港政府又颁布《边界封锁区命令》，并宣布：自6月16日起，在新界边界实行封锁，进入或逗留在封锁区内者，必须持有由港府警务处处长发给的"禁区通行证"，否则，一经查获"最高罚款为5000元，监禁二年"。

香港政府还划定了覆盖面积达到了2800平方米的边境范围。在深圳与香港人口比较稠密的地区形成了缓冲地带，有35千米的边界线共管。沙头角禁区的范围包括塘肚村、新村、蕉坑村、担水坑村、山咀村、岗下村、盐寮下村（已清拆）、菜园角村（已清拆）及沙头角墟等。目前的沙头角边境线是1962年港英政府为阻止广东大量逃港人流而重新划定的。

关于沙头角设立禁区的原因，据沙头角墟（东）村长李来胜口述：1950年，有不法之徒利用边境进入内地进行不法行为，所以设立沙头角

沙头角客家妇女在田间耕作（夏思义 提供）

禁区并实施宵禁。所谓宵禁，即午夜12时后禁止上街，也不得进出石涌凹（通往上水的检查站）。宵禁困扰了沙头角居民很久，乡民认为实行宵禁给他们的生活带来诸多不便。

1951年之前，中英街和中兴街的居民是可以自由往来的。沙头角被划为禁区后，两地群众的来往需要检查证件，镇外的居民则需要办理"沙头角边防禁区通行证"。两边原住民的土地被分割，过境耕作问题成为边境管理的新问题。

过境耕作

1898年，中英两国在中英《展拓香港界址专条》中，对租借区域作了一些特殊规定：至九龙通往新安陆路，中国官员照常行走。"仍留附近九龙城原旧码头一区，以便中国兵、商务船、渡艇任便来往停泊，且城内官民任便行走。"

在《香港英新租界合同》中也有"此道全归英界，任两国人民往来"，"水面不拘归英归华，两国人民均可享用"的规定。以上条约均无对所划区域禁止两地人员往来的内容限定。

从1899年沙头角勘界一直到1949年，深港边界从未设任何哨卡，沙头角两地的居民均可以自由往来，无论是开荒种地、出海捕鱼，还是走亲访友、赶墟交易，两地间的联系从未中断。

20世纪50年代，港英政府颁布并实施《人民入境统制（补充）条例》和《1951年边境封闭区域命令》，规定"在新界北部边界地区实施封锁，进入或逗留在封锁区内者，都必须持有香港政府发给的'通行证'"。警察解释实行这一措施是为了"便利边境的警察行动，协助防止非法的交通及使警察便于控制那些利用现有情况的不良分子"。实际上这是港英政府为控制内地中国人进入香港所采取的一项措施，为此，中国政府曾向英国政府提出抗议。

1951年9月1日，广东省政府发布《关于往来香港、澳门旅客的管理规定》，从此开始了凭证出入境的检查管理方式。

1952年，广东省边防总队六六三部队六连进驻广东省宝安县东和

宝安县

通往新界的过境耕作口（中英街历史博物馆 提供）

乡，开始担负沙头角边防禁区的值勤任务。

1954年11月15日，广东省公安厅制定并实施了《广东省出入境港澳旅客管理暂行实施细则》，进一步完善了入出港澳管理制度。沙头角及深港边境地区一夜之间变成了戒备森严的"禁区"。

中华人民共和国成立初期，由于广东省采取了"保持边界平静"的方针，整个粤港边界总的来说是平静的，未发生严重冲突。沙头角边界也基本上保持了一种平静的态势。

1951年封锁边境后，广东省为解决中方在香港新界4,000亩土地"丢荒"问题，拟对"过境耕作"乡民发给"边境耕作证"，实行凭证过境耕作，以利恢复生产，增加乡民收入；对出海养蚝、打鱼的蚝民、渔民发给"船民证"和"临时出海证"。

据统计，1954年深圳沿边地区的15个自然村拥有在港土地为4,065.99亩，当年发证854张。1957年以后，沿边地区群众外流增多，由于劳动力不足，一些村落停止了过境耕种。1965年只发出过境耕作证335张。1973年，广东省革命委员会下发文件，允许过境耕作农民携带少量副食、日用品进来，在重大节日或婚丧嫁娶时可过境探亲，过境人数有所增加。1978年发证397张。1979年至1980年，深圳市为发展沿边经济，迅速扩大过境耕作大队，由原来的7个增加到20个，过境人数也迅速增多。

1980年，深港双方就边民"过境耕作"问题进行了会谈。双方商定在严格规定人员活动范围、限制作业工种的前提下，允许深圳2,000人过境耕作生产。至1987年，广东在港方仍有3,800多亩土地，不少边民仍常年过境耕作。边民凭"深圳市过境耕作证"过境耕作，证件由深圳市公安边防部门签发制作，经香港警方备案认可，证件有效期两年，可多次往返。过境对象限于深圳市边境村庄有常住户口、遵纪守法、在境内无固定职业、有种养能力、年满18周岁的居民。过境耕作

20世纪50年代初的中英街（郑中健 摄，深圳美术馆 藏）

生产时，只允许在香港新界北部地区，不得进入香港腹地。深圳地区共有长岭、罗芳、赤尾、渔农村、皇岗、石厦、新洲、沙咀和沙头等9个过境耕作口。

20世纪50年代，由于划定禁区，故"过境耕作"曾被限制，1976年后恢复。乡民过境作业主要有过境耕作、过境搬运和前往香港流浮山从事渔蚝生产等。如此一来，在深港边防禁区形成了一个特殊通道。这个特殊通道是专门为深港边境地区过境耕作务农的乡民开设的。

1980年12月，深圳市公安边防支队会同深圳市外事办，在深圳水库贵宾室与港英当局签订了我方边民"过境耕作"合法化的协议，确定发放合法有效的"过境耕作证"2,000张，因为边境地区约有4,000多亩耕地位于香港境内新界北。当时，乡民们使用的证件有3种：

一是过境从事耕作和养鱼的"过境耕作证"；

二是"临时下海证"，发给下海养蚝及在基围装鱼虾的社员使用；

三是"探亲证"。

形成"过境耕作证"制度是在1980年底，当时，中方与港英当局签订了中方边民过境耕作合法化的协议，将3种证件合并为统一的"深圳市过境耕作证"。发放的耕作证涉及周边30多个自然村的乡民，一般一户一证，固定个人使用。

当时，担负对边境一线过境耕作人员的检查验证及签发证件管理工作的是深圳市公安边防支队。办理耕作证有严格的规定，申领人必须是在香港新界有土地耕作的乡民，且年龄必须在22岁以上。在程序上，由公安边防支队根据各村的实际需要，把证件名额分配到各村，申领人填表后，由村委会、街道办、公安派出所、边防工作站审批，最后交由边防支队审批签发，凭耕作证到香港，绝不能超出南坑、水湖、上水、元朗和粉岭等限定范围，并要求出境耕作人员务必于当天下午6时关闸前返回，不能在新界过夜。

虽然沙头角未被作为耕作口，但过境耕作问题同样存在，只是土地数量不太大。华界沙头角一侧的径口、圆墩头等村庄约有42亩土地被隔在新界沙头角；而新界沙头角的山咀、担水坑等村庄大约有200亩地被隔在华界沙头角。虽然华界沙栏吓村地处边防禁区，但由于土地稀缺，该村以发展渔业生产为主。

1958年沙头角成立人民公社后，华界和新界的乡民互相交换了24

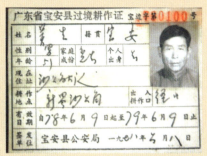

沙栏吓村吴生的过境耕作证（吴天其 提供）

亩土地，华界乡民在新界所剩土地18亩，新界乡民在华界的土地还剩180亩。改革开放前，还没有外地游客进入沙头角。由于边防管理部门对当地乡民比较熟悉，因此，只要乡民扛着犁耙过境种地，一般不会检查证件。

改革开放后，由于大量游客开始涌入沙头角中英街购物，因此，从1980年开始，两边乡民过境耕种必须出示当地公安部门颁发的"过境耕作证"，经新界边防警察查验后放行。

1982年，华界和新界留存的对方土地均被政府征用。土地征用后，政府给予一定的补偿费。中英街两边乡民过境耕作的现象从此消失。

深圳在推行"过境耕作"的事情上也并非一帆风顺。港英当局在封锁边界后，时常会因"过境耕作"引发一些纠纷。

比如，1951年10月初，港英莲麻坑警署不准联通乡乡民过英界割禾，乡民不得已于天亮前过境时又被英警制止，英警用机枪向深圳河扫射。

香港警务处长在新界竖立的禁区告示（孙霄 摄）

　　1952年3月初，赤尾村农民林茂稳等7人过境耕作时，遭到英军无理
扣押、审讯及殴打。1953年3月27日，香港新界警司兼新界理民府巡务官
傅理修为广东省宝安县赤尾村的农民补发了过境耕田许可证和补盖了禁
区印。在此之前，港府边界当局一直拒绝给该村乡民积极分子办理过境
耕作手续。

对于中英街两边的乡民而言，从1980年开始检查证件后，乡民对"过境耕作"必须进行的检查还不太习惯，因为，过去乡民从来就没有"边界"这个概念，也不会被人检查。耕种田地是祖祖辈辈的传统，是必须按季节从事的生产活动。后来，当"过境耕作"成为人们每天必须面对的事情时，人们才逐步接受。

华界 "变脸"

　　1951年，沙头角实行禁区管理。为了便于管理，公安边防部队把沙头角封锁起来，边界线设在了镇内沙头角界河一侧，整个沙头角镇变成了边防禁区。沙头角成为禁区后，镇内的人员、商品仍可与新界两边往来，货币也仍然流通。当时，国家正处在"三反""五反"和"私营改造"时期，中方的一些商人出于自我保护的需要，趁机迁到英方一侧开店。此时，中英街英方一侧仍有少许商店，而中方只剩下"济生堂"药店、"杨成记"洗衣店和一间客栈，商业萧条、冷落。中华人民共和国成立前中英街的不景气一直延续至此，房屋破烂，街道坎坷，基本上是一条残旧的房屋住宅街道。

　　1956年，华界乡绅从方便镇内居民的生活出发，在中英街集资兴建了一家私营的"沙头角商店"。

　　1958年"大跃进"，政府对"沙头角商店"进行了公私合营改造，从私有变成了"公私合营"。

　　1959年，在中央和广东省委的关心下，该商店被收归国有，并扩大经营规模，成为中英街唯一一家国营商店和县级企业，重新起名为"沙头角综合商店"。

　　该商店主要经营外贸出口商品，因此，在深圳也算是首家从事经营出口商品的商店。由于综合商店是经国务院特批的外销商店，购物只收港币，因此吸引了许多新界沙头角居民来此购买商品，华界居民只要有亲戚在英界，也可使用港币购物。有一段时间，商店限制华界居民购

沙头角镇日用百货商店（原沙头角镇委宣传部 提供）

1959年沙头角综合商店成立（原沙头角镇委宣传部 提供）

沙头角综合商店橱窗装饰设计（原沙头角镇委宣传部 提供）

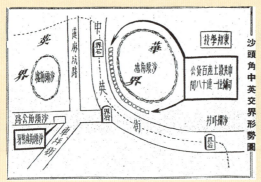

20世纪50年代中英街改造商铺图
（原载《香港工商日报》）

物，有新界居民陪伴方可购买。

1959年8月24日，香港《工商日报》报道："中共最近又在中英街开办了一家颇具规模之百货土产公司，准备廉价推销产品"。"这间百货土产公司，中共系收用华界中英街之十七间民房修建，现已将装修完成。该十七间民房，原分三列，计一列为四间木楼，一列为八间石屎楼，另一列为五间石屎楼，将三列贯通成一列者，面向英界中英街。两边居民，平时多可过界饮茶或购物，中共即利用此特殊情形，开设这间公司，听说不日即可开始营业。"

"不过，英界居民生活，多是淳朴的，相信这些中共百货商品，很难引起他们购买的兴趣。目前，本港繁华地区专准销中共商品之某公司，也因生意不前而告倒闭，中共商品不受港人欢迎，可见一斑。"

沙头角综合商店开张后，实际情况与香港《工商日报》的报道内容正好相反。综合商店供应的外销商品非常受新界居民的欢迎，有些紧俏商品经常会脱销，有些新潮商品刚一到货，新界群众即刻前来购买，有时选购商品的居民很多，人们不得不排队等候。

沙栏吓村居委会原主任吴政财想起20世纪五六十年代的生活状况仍很激动：中华人民共和国成立初期沙头角居民的生活很艰苦，他经常要为购买一点猪油在半夜四五点钟起床排队，队伍排得很长，好不容易排到时却常常买不到了，主要是物资供应紧张，也有少数人不排队"走后门"。

沙头角综合商店开张后，商品供应充足，基本上是有保障的，其中有两种商品最为畅销，一种是筒装牡丹牌香烟，每筒香烟售出价格仅为港币2元；还有一种商品叫做瑞草油，这两种商品深受居民欢迎。

综合商店不仅从广东省商业厅华侨商品供应公司进货，还同省外贸局协商了商品供应（包括特种商品供应）方案，确定了内贸有货由内贸供应，内贸无货由外贸供应的合作机制。

沙头角综合商店后改名为沙头角综合商品供应公司。深圳开办经济特区后，改名为沙头角进出口贸易公司。加上当时海关和边检放松了对镇外本地居民携带物品的限制，商店的生意一时间非常火爆，原先跑到英界一侧的商人看到中方有机可乘，一些人又悄悄搬回华界一侧开始重新招揽生意，中英街开始热闹起来。

沙头角综合商店原人事部主任李国清回忆："当时出口商店卖的商品只限香港人购买，只能使用港币，人民币不行。本店的干部职工和当地的居民是不准买的，只能卖给香港居民，因为这些商品比较特殊，国内比较紧缺，但是价钱很便宜，香港人很喜欢。一天的营业额很高，通常有香港人排队来抢我们的货。"

老员工刘伟恭说："综合商店建立以后，省委书记陶铸曾有特别批示：一定要把供应搞好。当时的省外贸局还制订了一个物资供应计划。在商品紧缺的年代，一半是香港，一半是内地的中英街，一直享受国家给予的特殊待遇。进来的紧俏商品，也只有香港人才能买到。华界的综合商店，也有辉煌的时候，60年代的利润是很高的哦，一家商店一年的利润等于一个县的商业利润"。

综合商店还充分考虑到当地居民的利益，在得到上面批准后，把一些外汇商品卖给沙头角居民，像面粉、香烟等一些生活日用品，虽然照顾到了当地的群众，但也要凭购物证购买，实行配给制。

20世纪六七十年代，特别抢手的商品是上海产的凤凰牌单车，由于品质一流，即使在内地也不好买。在沙头角综合商店也必须用港币购买。综合商店每年转内销的凤凰牌单车就有十几到二十部，专门拿来照顾当地居民。但由于配给的数量有限，有些人几年也买不上一辆。当时凤凰牌单车60多元一辆。在沙头角，谁家里若是有一辆凤凰牌单车，那算是让人羡慕不已。

据李国清说：香港是不准卖鞭炮的。商店知道这个信息后就从外面组织鞭炮到中英街销售，用解放牌卡车，3天拉一车很快就卖光了。第二个是散装白酒，一天可以卖掉几十罐；还有冰糖，只要运到这里，几卡车都能够卖完，人们会抢购的。这就是当时国家主营的只能使用港币的外汇商店，我们在那里工作也不能买，很严格的。在中英街通往香港新界的三岔路口，有一家专卖糖烟酒的外汇商店，香烟很便宜，3毛多钱一包，但在华界买不到，它是凭外汇购买的。

刘伟恭说："原来中英街没有一间房子是属于我们的，都是香港人的，我们是租来开门店的。看着我们商店的快速发展，领导同我说：老刘，把这些商铺全部买过来吧，那些商铺全都是新界人的。当时，我是借着学习毛主席语录去发展和对面的关系，让他们办好事，爱国家，'国家现在需要你们，把你们的房子卖给我们'。房产是人家的，人家不卖你也不敢乱拆乱动。后来还是一个一个买，共买了10多间门店。"

"中英街有一棵大榕树，榕树下面的门店全都是我经手买来的，每间4500元，由于原来的房屋都很破烂，买回来后就拆建。"

1959年，沙头角镇内商业部门开始着手对中英街商铺进行系统的维

1959年，中英街新建的商店已经连成一排（郑中健 摄，深圳美术馆 藏）

修，维修从"犹昶街"至"八间大屋"。总体安排是：设立国营商店、土产杂货店、银行、饭店、书店、理发店等。就当时的条件而言，商店装修实属一流，除了采用玻璃条柜以外，有的商店还安装了霓虹灯。同时，在第三号界碑处，把原先的铁皮屋拆掉后，建了一长列水泥雨篷，成为一处新的农渔贸易市场。通过对道路和门店的改造，中英街华界开始"大变脸"。

20世纪50年代，仍处于"一街分治"状态的中英街，在"两个世界"不同的社会阵营和意识形态对立中，政治气氛很浓厚，小街一侧的任何举动都会引起对方的注意。

1959年，从中央到省市对中英街工商业的发展给予了充分重视和扶持，面对着资本主义挑衅的中英街，树立了社会主义也重视和发展商业经济的良好形象，增添了当地居民群众战胜经济困难的信心。

修路："自扫门前雪"

中英街实行"一街分治"，中华人民共和国成立后深港边境地区实行"政治边防"和"军事边防"。这个地方发生的任何冲突都有可能上升到国家层面。

1959年7月22日，华界民工开始对中英街和环城路面进行分段整修。由于小街路面相通，施工时免不了会发生越界问题。香港警察发现后马上调集了200多名军警前来干涉，并与华界群众发生争执，但双方均未诉诸武力。修路风波很快上报港英当局，港英政府还专为此事照会了中国外交部。

7月24日，香港报纸以"沙头角方面，英界忽被侵犯"为主标题，以"共方修路未与香港政府恰商，港方已呈报英廷并通知驻平代办，昨日紧张情形业已消散"为副标题，对中英街华界修路的情况进行了报道："因筑路越界问题曾经一度引起了紧张状态的中英边界沙头角墟，昨日已趋平静。曾经开往沙头角中英街交界线执行戒备的二百余名本港警察，业经于昨晨撤退，高级警察官员曾亲自到边界视察，但沙头角墟市街上一片宁静，商户照常开门营业，乡民照常往来，而筑路的工程亦继续进行，前日所发生的紧张状态完全不复"。

7月25日，新界警务处长古尼龙，专门来到中英街视察新界一侧的修路情况。中方投资修路的行动使英界居民深受感染，英界居民纷纷捐款捐物，踊跃参与，并派工人参与街道维修工程。

这次修整中英街路面时，中英双方工程技术人员在对倾斜的二号界

1959年7月22日，华界开始修筑中英街路面（广东省档案馆 藏）

1959年7月25日，港英警察来到现场督查修路情况（广东省档案馆 藏）

修路民工在中英街路面铺设水泥后，人们发现，在以界碑为中心线的路面中间留下了一条隆起的水泥接缝。这条水泥线好像成为一条新的"中英分界线"。分析原因，并不是民工省工节料，而是懒得去抹平它，这正是"一街分治"留下的痕迹。既然港英当局因修路照会中方，民工们干脆绝不"越过雷池一步"（郑中健 摄，深圳美术馆 藏）

1960年2月11日，中英双方技术人员共同测量二号界碑向英方延伸的六英尺空间距离（广东省档案馆 藏）

碑的处理问题上曾经有过商议。从二号界碑保护的现状来看，当时，中英双方技术人员的意见是一致的，即保留二号界碑倾斜的原状。但这次中英双方在修路中，实际上仍是"各扫门前雪"。

港英当局自沙头角边境发生修路事件后，已加强了警戒措施。"由粉岭公路通至沙头角石涌口处之检查站，立有警务处长特别告示牌，告示之大意系：'任何人等，无通行证者，不得进入禁区。乡民欲进入禁区，要往就近警署凭身份证领取通行证。如属外界人士，则需至新界警察总部，向新界总警司申请通行证'云。在沙头角区口检查站之警员，对往来人车，检查特严，若无通行证，绝不容许进入禁区。"

1959年由华界发起修筑的路面一直使用到1983年。这一年沙头角区成立后，双方合作重新对中英街路面进行了整修，加固了地基，铺设了下水道和水泥路面。这件事情说明，只要深港双方加强合作与沟通，就能够办好中英街的事情。

第六章 中英街的初步发展与冲突

逃港潮与"界河会"

1967年沙栏吓村的民兵和边防战士在边境警戒（吴天其 提供）

中英街往事 特区中的"特区"

逃港，一段辛酸的往事，
匆匆告别家园，
妻离子散；
越界，意味着违法、淹死和遣返；
母女走失，隔界河呼唤……
"妈，女儿不能为您尽孝"；
嗓音嘶哑，长跪河边；
"阿妹，想俺就来界河相会！"
泪湿衣衫！

20世纪50年代至70年代，深港两地的经济发展差距不断拉大，造成两地人民生活水平差距巨大。当时宝安县大约有6万多人跑到香港。据广

1965年8月至11月，港英政府实施"平衡法"后，限制入港人数，图为群众抗议情形。1965年，港英政府宣布了一个叫作"平衡出入法"的规定。按照这一规定，每日由深圳进出香港的人数必须与每日离开香港往深圳的人数相等，但是，这个"平衡政策"却常常不平衡，后来出现过多次反复（中英街历史博物馆 提供）

东省统计的数字，大约有60万人陆续跑到了香港。

宝安县的乡民逃港是从1951年开始的。当人们看到从香港回来的人经常挑回一担担大米和食油时，心里顿时失去了平衡。同为一乡人，为何生活水平相差如此悬殊呢？思来想去，就是因为他们在香港，而自己在宝安，只要跑到香港，生活就不会这样困苦。这是一般乡民逃港的心态，为了享受到相对富足的生活，愿意铤而走险，即使不幸被抓、被遣返回来

逃港人员用于泅渡的工具。人们纷纷铤而走险。宝安县一时竟兴起了游泳热，许多青年男女都在认真学游泳，市场上，轮胎、游泳圈、气垫等东西很好销售。很多人学会游泳是为逃港做准备（香港特区政府新闻处图片）

中英街往事
特区中的「特区」

沙头角民兵罗志威在海边放哨。罗志威，1948年出生于广东大埔。他出生在一个抗日家庭。父亲罗欧锋是港九大队海上中队中队长，母亲区坚是港九大队情报员。1968年他来到沙头角下乡插队，并成为沙头角民兵，由于表现突出而成为知青中的先进模范。招工开始后，他在沙头角进出口公司下面的中药店做过学徒。他家在新界南涌，而南涌罗氏家族90%以上的人投身革命，被誉为"香港抗战第一家"（罗志威 提供）

也认了。

据香港《明报》报道，1962年2月，从广东逃亡到香港的饥民逐渐形成规模。进入5月份，大批宝安人开始涌入香港。人们取道横跨新界和广东惠阳、淡水的梧桐山，经过沙头角、粉岭、元朗、罗湖等地，每天有几千人偷渡到香港。《明报》以"爷娘子弟哭相送，尘埃不见罗湖桥"为题进行了报道。逃港潮来势凶猛，对宝安县的政治、经济、思想等各方面都造成了很大危害，不仅扰乱了边防社会治安，也严重破坏了正常的生产秩序。"5月6日，港英政府出动直升飞机7架，军舰2艘，增调军队、警察1400余人并保持每天24小时在边境沿线巡逻，参与行动的军警达4000余人，以堵截深圳大量群众强冲边防涌入香港，气氛相当紧张。"

6月，广州街头盛传"为了庆祝英国女王生日，边境放假3天，不用通行证可以去香港"等谣言。一些群众误信谣言，一传十，十传百，由此引发了大批群众冲向白云路火车东站，聚集群众逾万人。一时间交通拥堵，秩序大乱。这件突发性事件被称为"东站事件"。也有记者报道："沿着九龙和大陆边界一二百里的土地上……几乎是整村整村跑光了，携家带口去了香港九龙新界那边。有的村只剩十来家，也大多是走不动的老人。"

面对逃港风潮，广东省委除坚决贯彻中央政策外，还制定了具体的办法：一是加强管理，即由生产队、大队、公社这些基层来管；二是控制交通，凡是买火车票往南走的，一律要出示大队以上单位开具的证明；三是在沿途设接待站并进行劝阻；四是对于从深圳遣送回来的人，要有正确的政策。应一律欢迎，不能歧视，给予正面教育。

起初，港英政府当时对待非法越境的政策是：非法越境者成功越过边界禁区进入市区的，可以获取在香港居留的权利。其余的一律予以拘捕，然后集中押送回广东。为此，港英政府除派警察在边界、海

1978年被香港警方遣返的逃港乡民（中英街历史博物馆 提供）

边日夜巡逻外，还于5月17日，在东起沙头角到中段落马洲间的粤港分界线上，建立起一道高10英尺、厚20英尺的铁丝网，以防非法越境。

"文革"期间，宝安县乡民逃港的现象就没有停止过。沙头角逃港乡民，一部分滞留香港社会，一部分被遣送回乡。滞留香港社会的乡民思家心切，又不敢回家，就与家人相约站在沙头角界河两侧与家人喊话。喊话的内容多是一些问候和互报平安的口讯。有时，人们一边喊着、一边哭着，一时间，界河两岸传来的喊声伴随着哭声，哭声夹杂着喊声，情景十分凄惨。当地乡民把这种隔着界河呼唤亲人的情景称为

"界河会"。

"文革"十年，沙头角"界河会"隔河喊话的声音从来就没有中断过，成为边境线上一种特殊的人文现象。

20世纪70年代，广东出现了第二次大规模的逃港潮，每天有成千上万的人涌向深港边界。虽然，深港边界在20世纪50年代初就已实施了军事边防，早已成为边防禁区，但仍有不少人想尽办法逃往香港。

1974年，港英政府出台了"抵垒政策"。按其规定：非法入境者只要成功越过边境进入香港市区，就可以在亲友陪同下，领取香港合法居住证件，获得在港居留权。这个政策的实施，起到了推波助澜的作用，在某种程度上刺激了逃港人铤而走险。

当时逃港潮最主要选择从陆地跨越深港边境，在东去大亚湾，西到蛇口沿海岸线的边界线上都有逃港的地方，其中，沙头角边境沿线是主要的越境通道之一。中英街可以说是逃港者向往的天堂，只要一步跨过去就可能变成香港居民了。但望着戒备森严的中英街关口，许多逃港者望而却步，因为，只有轻松进入街内的人才有越境的机会，但是，中英街两边巡警的眼睛一刻不停地盯在那里。

有少数人为偷渡去港设法进入中英街工作，他们先以打工的身份潜伏下来，再择机越境。刘伟恭说，他原来在沙头角进出口公司人事部工作时，在亲手招进公司的员工中有不少人参加了偷渡。在一次招进的20名员工中，一年之后少了一半。显然，在走的人当中，千方百计到中英街找个工作只是其逃港计划中的一个环节。

广东省接连发生的偷渡外逃事件，引起了中央和省委领导的高度重视。1977年11月17日下午，中共广东省委负责人韦国清、王首道等人前往广州南湖宾馆，向邓小平、苏振华和罗瑞卿等人汇报了广东发生的这一情况。当省委领导人汇报靠近港澳边境地区偷渡猖獗，边防部队防不胜防的时候，邓小平当即插话："这是我们的政策有问题，不是部队所

中英街往事

特区中的「特区」

聚集在沙头角关口等待界河相会的居民（何煌友 摄）

能管得了的"。邓小平强调要恢复过去行之有效的政策，发展经济，他指出："生产生活搞好了，还可以解决逃港问题。逃港，主要是生活不好，差距太大。"（引用来源：《习仲勋主政广东》编委会著：《习仲勋主政广东》，中央党史出版社，2007年7月出版，74页）

1978年7月，习仲勋在广东省委书记王全国、《南方日报》副总编辑张汉青等人的陪同下前往宝安视察。据陪同视察的张汉青回忆："七八月份正是收割的时候，可我们在南头的田地里并没有看到农忙的景象，田里只有一些老年妇女、小孩，还有边防部队派来帮助收割的战士，精壮劳力都跑了，没有人收割。习老看了心里很不好受。"当时陪同习仲勋同志一行到宝安东路的罗芳、莲塘、沙头角等陆路地区考察的还有方苞。

方苞自1974年1月任宝安县委书记，每年都要到罗芳和当地群众一起插秧和收割，对当地情况十分熟悉。他向习仲勋介绍：宝安有几千亩土地在香港那边的都丢荒了。为什么会丢荒？第一，"文革"前的政策允许宝安县的劳动力过境耕作，但是现在管得很死，一天才能批几个干部过去，没有劳动力进行耕作；第二，以前过境探亲的政策是"三个五"，即每人每年可以过去探亲五次，每次去可以买五斤副食品，五斤副食品的总价格不超过五元钱，这本来就限制得很死了。到了"文革"时，又狠批"三洋"（崇洋、靠洋、向洋），于是就通通禁止，不准过境探亲了。"文革"结束后恢复了部分政策，批准一些人过去种粮食，但粮食收割了要挑回来，不准在香港那边卖。

中英街枪声

　　1967年初，九龙新蒲岗香港人造花厂等企业相继发生因劳资问题引发的工人大罢工。港英政府出动了警察和防暴队，而且还出动了英军，以暴力镇压左派工人。

　　5月4日，港英警方介入人造花厂罢工事件，殴伤工人多名，拘捕21人。11日，人造花厂罢工工人和支持群众在新蒲岗举行示威，港英政府出动近600名警察和机动部队镇压，逮捕示威群众400多人，并在新蒲岗至东头村一带实行宵禁。15日，中国外交部向英国驻华代办提出强烈抗议，北京举行了10万人集会，表示对香港工人的支持……16日，"港九各界同胞反对港英迫害紧急委员会"宣告成立。22日，一批工人和学生前往港督府示威，途中遭到警方的阻止和殴打，200多人受伤，多人被捕。当地群众更为愤怒，开始仿效内地"文革"的形式

九龙新蒲岗香港人造花厂因劳资问题引发冲突，警察以武力镇压（中英街历史博物馆 提供）

1967年，英国军警和华界民兵在中英街发生对峙并爆发冲突，图为华界屋顶上架设的机关枪对向新界（罗志威 提供）

到处张贴大字报和标语，从23日起，港九巴士等众多企业的工人陆续举行罢工，原来单纯的劳资冲突，终于演变成一场大规模的工人与政府之间的对立和冲突。

这一年正是"文革"的第二年。在舆论导向和香港左派组织的影响下，香港部分市民和内地人民一样，纷纷起来游行，声讨港英当局的暴行。在中英街，华界利用高音喇叭的宣传天天在播放，使街对面新界方圆几十里都可以听得到。中英街新界居民也高举五星红旗，聚集在中英街参加游行示威。

新界沙头角乡事会副主席温华安回忆："6月24号，我们组织了游行队伍，在街上参加抗英游行，离英军防暴队很近的距离，大概是一二尺，我们高举五星红旗，面对面地和英军防暴队斗争。在那段时间里，我们受中英街华界群众的影响，用毛泽东思想武装自己，下定决心，不怕牺牲，为了维护民族的尊严。我那时小小年纪就这样站起来，就好像拍演电影一样，我们和防暴队面对面斗争，一点也不害怕。"

6月9日，沙头角镇的民兵、乡民和当地驻军示威游行，涌入沙头角中英街，向英方居民散发大量传单和慰问信，被英警阻拦。6月10日、11日，沙头角人民公社在盐田港举行抗议集会，有数千香港渔民介入，一度包围了沙头角警署，并张贴大标语。

6月24日，沙头角英方居民数百人开会追悼反英烈士，警察和防暴队出动镇压，对空鸣枪和施放催泪弹。据《南方日报》报道，防暴队"向我境内施放了大量的催泪弹，致使我方群众三十多人受伤"。

7月8日，事态进一步扩大，当天上午，沙头角英方居民到华界参加集会，会后分路游行。当游行队伍经过沙头角警署时，警察和防暴队向游行群众开枪和发射催泪弹，还向我方境内开枪扫射，我方边防部队在鸣枪示警无效后，边防战士和民兵被迫进行自卫还击。这次冲突，英方警察和防暴队死4人，伤10多人。警署和防暴队指挥车被炸毁。我方民兵

集结在新界沙头角的英方军警车辆（香港特区政府新闻处图片）

张天生不幸牺牲，还有8位民兵负伤。一些香港报刊报道：当日，中方群众越境，武装民兵首先向警署发动袭击，随即有解放军边防部队介入。这次边境冲突史称"沙头角事件"。事件结束后，英方调集大批正规军替换原来的边防警察执行任务。

"10月10日，港英军警在中国农民的耕地上架设铁丝网，中国农民百余人过境交涉，要求撤除，英方拒不接受。港英当局随即关闭了文锦渡口岸。中国外交部召见英驻华代办，要求撤除铁丝网，恢复过境正常交通。11月1日，港英代表到深圳与中国边防站商谈，接受中方全部要

被群众放火烧毁的
英军警装甲指挥车（香
港《大公报》图片）

港英政府的军
警在新界一侧和对面
华界的民兵保持对峙
（香港特区政府新闻
处图片）

求，并付诸实施，自11月26日起，粤港边境恢复正常。"

经历过这一事件的民兵刘伟恭说：来华界参加集会的新界居民返回时受到英军的阻拦。本来我们想送他们回去就算了，警察署跟他们谈判，让新界居民安全回家就行了，如果不让他们回家，100多人天天要住在华界，不仅吃喝等生活成问题，而且还要安排人照顾他们。新界的警察署就在中英街新界一侧，距离华界很近。盐田的民兵是一起下来的，因为他们不熟悉地形，我们送他们返回华界去。当时，有一个盐田的民兵顺手拿起垃圾筒丢向香港警察，垃圾桶刚刚丢出去，对方马上就发射了催泪弹，这样一来双方就打了起来。

驻守在中英街的红色前哨连亲历了这一事件。有一个老战士回忆说：当时民兵和居民的情绪都比较激动，作为部队来说，我们已经做好了战斗准备，因为我当时是炮班的班长，站在楼上最高的地方，所以对这一事件看得一清二楚。当时，沙头角群众和邻近公社的群众都愤怒了，纷纷赶到中英街，向边境的英国警察示威游行，严厉声讨港英当局的行为。当天，新界各村的几百名群众，自发地集合起来，赶到新界联乡会强烈抗议。沙头角及周边的民兵也迅速集结到中英街，开始不断向英警挑战。当时我们也作了充分准备，连队把猪也杀掉了，给战士们发了许多饼干，后来上面军区首长、政委都下来了跟我们说，限你们仗一打起来半个小时抢占最高点，打掉上面那个岗楼，一定要冲上去，不然我们会全军覆没。因为他们有24门重机枪对准我们，还有6门大炮和迫击炮，还有很多人在一线用枪瞄准我们，所以你们一定要冲上去。我们身后的梧桐山有两个师在待命，只要我们冲上去牺牲就会少一点。当时，华界沙头角各路人马已全部汇齐，在这些人中间，不但汇集了部队各级军事指挥员，还有地区、县、公社的一些负责后勤供应的地方干部，沙头角边境大有"山雨欲来"的气氛。

当时，中英街的气氛的确很紧张，可以说已经到了一触即发的地步。新界沙头角莲麻坑、菜园角已成为通向中英街的主要通道，新界沙头角山咀村乡民黄冠尧当时就曾为民兵引路，去沙头角河边后，再到三家店与菜园角与过去的人会合。

新界菜园角有一条隐蔽的小路，"反英抗暴"的时候，许多新界同胞和民兵都是利用这条小路来到中英街。新界沙头角乡事会副主席温华安曾亲历了这次事件。当时，他旁边的战友受了伤，他就背着那位战友拼命地跑向菜园角，把伤员护送到华界停放的救护车里。他回忆说：英军的炮火设在沙头角警署、民房和天台上面，形成用沙包堆砌起来的临时防御工事。红色前哨连的解放军在沙头角综合商店的楼上架起了冲锋枪，枪口瞄向新界沙头角的警署。港英当局不仅在沙港边境地区增加了警力，而且还在中英街附近村庄的高地，架设了机枪和高射炮。新界沙头角乡顺安街楼上也有英军驻守，还在新楼街中英茶餐厅这些地方都堆有沙包并筑有炮台，一排排警车则停放在新村那边。中英街南侧有新界山咀、担水坑、盐寮下等村庄与陆地相连；北侧有新界榕树坳、凤坑、鸡骨树等村庄与小海峡相接。由于这些村庄与华界中方阵地相距很近，所以均在机枪和六零炮的射程之内。

1978年，国务院华侨事务办公室主任廖承志在北京主持召开了关于港澳工作会议。会议清算了极"左"路线对港澳工作的干扰和破坏，重申了中央对港"长期打算，充分利用"的方针。会议指出："1967年在香港发生的所谓'反英抗暴'斗争以及随之而来的一系列做法，企图迫使中央出兵收回香港，是与中央的方针不符合的，后果也是极其严重的。"

边境管理

1899年港英当局在大埔建立警署后，又先后在凹头、屏山西贡、沙头角、大澳及荃湾建了7个警署。1901年沙头角警署成立，开始了对英界沙头角的治安管理。由于沙头角属于禁区，香港居民要来中英街也要在警署办理禁区纸（证）。新界沙头角的基层管理组织叫作乡事会，类似华界的居民委员会。

1899年，港英政府接管新界后，把新界分为"八约"，在各约设置管理委员会，负责乡事管理。1947年实行村代表和乡事委员会制度，成立了沙头角联乡会。从1995年开始，把联乡会改为沙头角乡事会。1997年7月1日，中国政府恢复对香港行使主权后，原先的地方基层管理机构改称为"香港特别行政区沙头角区乡事会"。

在华界沙头角，于1950年成立了东和乡，属宝安县第二区管辖。1955年将沙头角、盐田、梅沙划为沙头角区。1958年"大跃进"时与附城、福田等联合组成了南天门公社，1959年9月分离，改为沙头角公社。

1951年5月，沙头角成立了民兵连。随后，中英街各单位也相继成立了民兵排。镇内的粮所、银行、水产公司等抽出的人合并起来组成民兵队伍。华界从此有了一个由100多人组成的民兵连。

沙头角民兵连负责守卫的地段是，沙头角出关后，从海边到官路吓村，还专门修了两层炮楼。由于民兵都是当地人，无论特务怎样装扮，总会被民兵轻易识破。1960年，连长罗奕光代表全连民兵出席了全国民兵代表大会，不仅受到了毛泽东主席的接见，中央军委还奖给了罗奕光一支半自动步枪。

中华人民共和国成立前，华界沙头角由警察局负责管理。1953年5月，沙头角镇内成立了派出所。1969年10月，宝安县革命委员会设立保卫组，禁区内的派出所为沙头角镇公社保卫组所代替。1973年10月，恢复公安局和派出所建制至今。

英国管治香港后，深港两地人民仍可以自由来往。中华人民共和国成立后，港英政府调整了对华政策，颁布了一系列限制中国籍人士自由出入香港的条例。

1950年4月28日，香港政府公布了《人民入境统制（补充）条例》，规定从同年5月1日起，从内地来港的中国人必须事先领取由中国政府签发的"旅行证明书"。

8月20日，华南分局发出了《关于加强沿海边防与岛屿工作的指示》。为加强口岸管理和海防力量部署，"在沙头角、深圳、宝安地区专门成立了一个'沙深宝边界工作委员会'，制定了出入口管理办法，规定出入口通行证制度，有计划地管理了港口和边界。"

1951年沙头角边防禁区形成后，中英街成为严格管理的边防禁区。人员进出关有边防部队检查，货物进出关则有海关查验，镇内社会治安也有警察管理，禁区的管理形成了多层次的管理格局。当地居民过新界，一般会有相对的灵活性。就中英街居民而言，两边因历史传统和在经济上的密切联系，不会因为禁区而停止来往。由于许多居民都具有双重身份，来往是经常性的，设置禁区后更增加了人们的好奇心和神秘感。中华人民共和国成立后，中英街居民极为关注祖国的建设，尤其是每逢国庆节，中英街两侧的新界和华界均会悬挂五星红旗和举行庆祝活动。

1990年，罗湖、沙头角管理区合并后，经广东省人民政府批准，原沙头角镇扩大管理范围。面积由原来的0.17平方千米扩大到后来的12.3平方千米。镇内的中英街与香港新界相连，特殊的地理位置，常常使内地一些被公安部门通缉的要犯，欲通过中英街逃往香港，同时，也有在香港犯罪的不法分子想通过中英街潜入内地躲避法律制裁。守卫在中英街上的边防部队官兵，没有让中英街成为不法分子的"安全庇护所"。

在华界沙头角，先后有两支部队驻守在中英街。第一支是1952年至1969年担负值勤任务的广东省总队六六三部队六连。第二支是从1969年进驻，至今仍在沙头角担负守卫任务的广东省公安边防六支队13中队。这两支部队所具有的共同特点是：具有光荣的革命传统，曾被国家授予模范称号，是一支作风顽强、屡获嘉奖的英雄连队。

1952年1月，广东省总队六六三部队六连的100多名官兵奉命来到了沙头角。一排驻守在镇内原海关旧址。六连来到中英街后，面对中英边境地区复杂多变的形势，紧密依靠当地群众，时刻保持着高度的警惕性，在沙头角边境构筑了一道坚固的防线。从1952年到1964年的12年中，六连共捕获敌特和越境分子6,000余名，受到上级的嘉奖和表扬。

1962年至1964年，六连年年被评为"四好连队"。1964年4月，公安部批准给六连记集体二等功；同年6月，这支具有光荣传统的连队被国防部授予"红色前哨连"光荣称号。他们成为全军学习的榜样。毛泽东、刘少奇等党和国家领导人还亲切接见了六连指导员赵全珍。

六连连长邹金凤在《回忆红色前哨连》一文中写道：六连从1952年至1969年在中英街守卫和值勤了16年。他们经历了中华人民共和国成立初期国家经济最为困难的时期，也经历了深港边境地区最为复杂和严峻的历史时期。实践证明，六连不愧为"红色前哨连"，战士们无论是面对战争的硝烟，还是在"糖衣炮弹"的袭击面前都无所畏惧，遵循"有理、有利、有节"的斗争原则，经受了一个又一个的考验。

1962年9月1日，一场12级强台风袭击了珠江口，潮水涌进中英街，小街有一米多深的海水，台风和海水威胁着中英街居民。新界一侧的警察早在一边避风雨，可是六连的全体官兵照样坚守在自己的岗位上。他们把自己睡觉的床板当作舢板，把妇女、老人和物资全都转移到安全地点。

1969年3月15日，六连奉命调防，为不惊扰群众，部队选择在夜间悄悄离开。他们怕当地群众一旦知道六连换防的消息，在感情上会一时接受不了。因为，六连的战士在沙头角中英街驻守了17年，这是风风雨雨的17年，也是他们经历了无数次血与火考验的17年，更是军民同甘苦、共患难，军民鱼水情深的17年。

1969年3月，接替六连进驻沙头角中英街的是广东省公安边防六支队13中队。前身是中国人民解放军"白台山英雄团"的一部分。20世纪七八十年代，他们以沙头角为核心，在约4平方千米的区域承担着反走私、反偷渡、反贩毒、反贩枪和进入中英街人员及车辆的验证等边防管理工作，写下了"拒腐防变，一尘不染"的动人篇章。48年过去了，13中队继承了白台山英雄连队的革命传统，赢得了"遵纪守法模范班""先进集体标兵""硬骨头式连队"等殊荣，还被国务院和中央军委授予"沙头角模范中队"的光荣称号，1次荣立集体一等功，4次荣立集体二等功，22次荣立集体三等功。

13中队在"一条小街，两种制度"的特殊街区，坚持祖国利益高于一切，用铁的纪律和意志，战胜了一次又一次的诱惑和走私违法事件。

2000年3月9日下午，沙头角关口车水马龙。一班战士陈志春像往常一样在检查证件，这时一名30岁出头的男子手提一个黑色塑料袋来到验证台前。验完证后，那名男子迫不及待地收起证件快步向镇内走去。这一细小反常的举动，引起了陈志春的注意："同志，请您站住，请把您手中的塑料袋给我检查一下。"那个男子看到事情不妙，随手就从袋子里掏出一把手枪，转身将枪口对准了陈志春。关口人多，一不小心就会伤及无辜，来不及细想，陈志春迎着枪口猛扑上去，将那名男子扑倒在地。还好，那位男子忘记打开手枪的保险，枪没有响。后来在清点那名男子所携带的物品时发现，塑料袋里还有一支手枪，子弹16发。

1990年11月2日，深圳市罗湖区正式成立了中英街管理办公室。其主要职能是：1. 贯彻执行省、市、区关于加强中英街管理的有关规定；2. 协调各有关部门做好社会治安和经营秩序的综合管理工作；3. 劝阻游客不准越界购物；4. 打击走私活动，组织罚没收入；5. 负责完成中英街领导小组交办的其他工作任务。

2002年7月2日，中英街管理办公室为盐田区政法委下属的事业单位并参照公务员管理。

由于其特殊的地理环境，中英街实行多层管理，但这些管理并未影响中英街两边居民的往来。比如，20世纪50年代，中方在距离中英街华界不远的东和学校内开设了一间露天戏院，每晚都会播放电影，吸引了许多新界乡民过界看电影，少时两三百人，最多可达千人，每人入场收取港币两角半。当时放映的电影是《梁祝恨史》《天仙配》等。那时，新界沙头角乡菜园角、盐寮下、岗下、山咀、担水坑、木棉头、蕉坑、新村、塘肚、新楼街等接近边界的村落都有不少村民过界来到华界沙头角看电影，也有与华界沙头角隔海相望的谷埔、鹿颈等地村民由水路划艇过界看电影的。它反映了新界沙头角地区乡民对精神文化生活的需求。电影成为沟通两地乡民的桥梁。

中英街乡民在一些重要节庆和传统民俗活动中也保持往来，比如天后宝诞、清明祭祖、重阳拜山、山歌对唱和婚丧嫁娶等重要活动。每逢群众举行这些活动时，边防部门对于乡民过界举行巡游、迎亲、出殡等活动还是给予配合的。

沙头角升放前夕，有一位老人，悄悄来到中英街。

他神色冷峻地凝视着香港方向，说：人家那边为什么很兴旺，我们这边为什么很冷清呢？

"要优先发展沙头角！"

第七章

从封闭走向开放

开放：一位老人悄悄来到中英街

1978年4月3日，习仲勋被中央任命为中共广东省委书记。7月初，他在省委书记王全国、《南方日报》副总编辑张汉青、宝安县委书记方苞等陪同下来到宝安县考察，并对广东省打击偷渡和发展小额贸易作出指示。

习仲勋在考察了深圳罗芳和莲塘两地后，来到沙头角中英街。他在"中英街"看到了几块竖在街中间的界石把一条小街一分为二，华界一侧显得萧条冷落；而香港一侧车水马龙，人们忙忙碌碌，呈现出一派热闹繁华的景象，两边贫富悬殊。他还了解到华界一侧老百姓都去对面买东西，不少人跑到那边就不回来了。习仲勋看到这一状况后心里感到很难受。他和方苞等人谈了很久。他说："解放那么长时间，快30年了，香港那边很繁荣，我们这边却破破烂烂。"方苞解释这是因为管理上的限制，很多人都不能过境耕作，才导致这么多土地丢荒，人民生活很艰难。方苞向习仲勋汇报说，"1962年经济困难时，香港市场需要草皮、花、河鲜、甲鱼这些产品，但国家政策不允许大额贸易出口，宝安就组织小额贸易出口，再将这些外汇收入的一部分用来购买副食品，才缓解了经济困难时商品紧缺的局面"。方苞还向习仲勋提出了一个建议，希望省里能支持宝安县发展小额贸易。

习仲勋对方苞和沙头角镇的干部说："当前存在的问题，主要是旧框框多，许多本来是正确的事情也不敢搞、不让搞。"当场，他支持和鼓励宝安的干部："说办就办，不要等"。"只要能把生产搞上去的就干，不要先去反他什么主义。他们是资本主义，但有些好的方法我们要学习"。

习仲勋对宝安县的实地考察，在认真听取了宝安县领导汇报的同时深入基层调研，取得了大量的一手资料。尤其是对沙头角存在的实际问题给予了高度重视，他对方苞多次提到沙头角的发展问题。他说："沙头角怎么搞上去，你们要优先考虑。一条小街两个世界，他们那边很繁荣，我们这边很荒凉，怎么体现社会主义制度的优越性呢？一定要想办法把沙头角发展起来。当然，全县其他地方也要加快发展、促进平衡，但是要优先考虑沙头角。"（引用来源：《习仲勋主政广东》编委会著：《习仲勋主政广东》，中央党史出版社，2007年7月出版，74页）

沙头角中英街存在的新界繁荣热闹而华界萧条冷落的问题给习仲勋留下了深刻印象。虽然中英街规模不大，但当时它的两侧却象征社会主义和资本主义两个阵营，不同意识形态的竞争，这是问题的关键。因为，贫穷并不是社会主义的代名词，香港能搞好而广东为什么就搞不好呢？

1978年12月8日，党的十一届三中全会在北京召开。会议纠正了"文革"及其"左倾"错误，终止了"以阶级斗争为纲"的政治路线，高度评价了关于真理标准问题的大讨论，确定了"解放思想、开动脑筋、实事求是、团结一致向前看"的指导方针，使国家在政治和经济上都进入了一个全新的历史时期，把全党工作的重点转移到经济建设上来。

1979年4月，习仲勋带着广东省委的报告赴京参加中央工作会议。他除了在会上提出"让广东先走一步"的设想外，还专门前往中南海向邓小平汇报了他对广东和深圳发展的想法。

习仲勋提出了先在深圳、珠海、汕头划出一块地方，初步定名为"贸易合作区"的设想。邓小平听取了他的汇报，插话说："这个想法不错嘛！"他看着地图，最后把目光投在与香港一河之隔的深圳，有力地说："深圳，就叫特区吧。"

1979年，蛇口一声炮响拉开了深圳特区建设的序幕（资料图片）

邓小平经过深思熟虑后坚定地说，"对！办一个特区。过去陕甘宁就是特区嘛。中央没有钱，你们自己搞，杀出一条血路来"。从习仲勋"贸易合作区"的提出，到邓小平果断确定为"特区"的定位，两位领导配合得十分默契。7月15日，中央在"中发[1979]50号"文件中首次明确提出："在深圳、珠海和汕头三市试办出口特区"。后来，经过广东省委研究，把出口特区改为经济特区，中央也表示同意。

1979年，中国改革开放的政策首先在深圳经济特区东西两翼实施，它们是西部的蛇口工业加工区、东部的沙头角商贸业集散地，一时间，它们成为中国改革开放的风向标和全国瞩目的焦点。

1980年8月26日，全国人大常委会第15次会议通过批准公布《广东省经济特区条例》，它确定了经济特区的法律地位，标志着世界最大的经济特区——深圳经济特区的诞生。

沙头角先是以发展小额贸易为先导，再以发展"三来一补"为后续，在短短几年内发展成为世人瞩目的商贸业集散地和"购物中心"。深圳东西两翼采用的完全不同的经济发展模式，带动了深圳这部改革开放"发动机"的启动，深圳开始驶入建设有中国特色社会主义的快车道。

　　深圳人民牢记使命，在我国改革开放的"窗口"和"试验场"，以开拓创新和一往无前的进取精神，谱写了中华民族自强不息、顽强奋进的壮丽诗篇。

　　1984年1月26日，邓小平来到深圳视察。他专门为深圳题词："深圳的发展和经验证明，我们建立经济特区的政策是正确的"。题词充分肯定了深圳发展的成功经验，给深圳人民以极大的精神鼓舞。

　　深圳经济特区建立后，认真贯彻全会精神，全面推进"对内搞活，对外开放"的方针政策。沙头角经济和社会均发生了翻天覆地的变化。当地的农业原来长期处在自给和半自给的自然经济状态，而且生产方式落后，产量很低。随着沙头角区域的大规模开发，土地被大量征用，农业经济开始逐步向商品化方向发展，并开始向工贸方向转化，农村逐步向城市转化，农民逐步向工人转化。改革开放的春风不仅给沙头角增加了人气，同时，也带来了财气，每天有来自全国各地成千上万的游客到中英街购物，当时，沙头角已有门类齐全的商业网点近200处。1985年，总销售额达到了1.2亿元。

　　沙头角率先从改革开放之前的一个边贸小镇迅速发展成为让全国人民注目的改革开放的"窗口"。中英街从小额贸易开始起步，直至发展成为繁荣的免税街，再以巨额黄金交易闻名遐迩。中英街店铺林立，人头涌涌，成为闻名遐尔的"购物天堂"。连续多年的商贸交易额竟高达十几个亿。

　　习仲勋在宝安县考察期间，还参观了两家"三来一补"企业，一家是沙头角塑花厂，另一家是皇岗的假发厂。习仲勋认为开展来料加工，赚取加工费，既可以增加集体和个人的收入，也可以解决大量的劳动力闲置问题，大有可为。

全会闭幕后，沙头角实行了对外开放的政策，对于历史遗留下来的特殊的环境，各级政府部门均开"绿灯"实行特殊政策，比如：放宽入镇人员定额、可免税限量购买物资携带出镇、居民可免税配购一些家用电器及建筑器材等。这些措施在改革开放之前是不敢想的事情，后来都已变成了现实。

关于如何"优先考虑沙头角"的发展问题，沙头角的居民在谈到20世纪80年代初期的起步和发展时，都会很自然地提到当地的几位老领导。一位是时任深圳市委书记的梁湘，另一位是时任沙头角区委书记的刘斌。梁湘和刘斌的领导任期正好在20世纪80年代初期，正是中英街商贸经济的起步发展时期。

1983年，刘斌担任沙头角区委书记。当时，沙头角镇内是"边防禁区"，镇外是"边防半禁区"，刘斌刚走马上任就面临"禁区"和"半禁区"的开发问题。

有一次，刘斌和梁湘开玩笑说："要钱没有，要命有一条。"梁湘回答说："要钱，没有，要政策，可以给一点。因为中央给了我们特殊政策、灵活措施。"那么，梁湘最后给沙头角办了一件下放土地权的大好事。他果断放权，把沙头角3.3平方千米的土地开发权下放给当时的沙头角区委（后改镇）。

下放土地开发权在当时是需要一定胆略的，梁湘敢于放权，也敢于负责。"下放土地开发权"这一正确决策为沙头角的发展起到了重要的推动作用。如果当时不解决这一实际问题，那么，开发沙头角就会成为一句空话，沙头角也不可能在较短的时间内得到快速发展。

发展经济必须人才先行。当时，刘斌看上了沙头角干部吴泮池，任

20世纪70年代在边境地区进行小额贸易的乡民（郑中健 摄，深圳美术馆 藏）

命他担任沙头角实业开发公司经理。公司在开办初期很困难，没有钱，就借来2,000元人民币和1.5万元港币。然后，凭上级给予的特殊政策，从房地产和装修工程开始，像滚雪球似的发展起来，从无到有，从小到大。仅3年时间，就完成建筑面积12万平方米，投资总额5,800多万元的工程量。其中，完成商品楼、住宅楼26栋，居民宿舍楼31栋，创汇2,000多万港元，实现纯利润1,000多万元人民币。

丝花厂：特区第一家合资企业

1978年7月，广东省委书记习仲勋来到沙头角，他站在中英街，面对粤港之间贫富差别作出"优先发展沙头角"的重要指示，并对宝安县干部强调"说干就干，不要等"，在沙头角"一石激起千层浪"，在当地干部群众中引起极大反响。

当时，习老来宝安县主要是调研乡民逃港问题。他提出，解决乡民逃港问题首要发展经济。宝安县政府和沙头角镇政府认真学习习老讲话精神，研究如何发挥深港资源优势，在经济发展方面先行一步。沙头角镇经过研究，决定引进外资和管理经验，于1978年底和香港夏威夷丝花厂洽谈开办丝花厂，后来终于开办成功。由于丝花厂设在中英街，一般人不能进入，政审很严格。因此，政府在各镇挑选政治上可靠的人来中英街工作，从部队复员回来的邹伟强被选入，并当上了厂长。丝花厂在他的带领下，克服了许多困难，在沙头角改革开放起步发展初期，发挥了重要的示范和引领作用。

1979年4月1日，沙头角丝花厂正式开办，成为深圳第一家合资企业。该厂地处中英街特殊的环境。之前没有合资企业，没人敢做。直到1980年，广东省和中央才出台了有关中外合资的政策。据邹伟强厂长回忆，在深圳经济特区成立前，国内其他单位开办工厂的，货物进出关一定要经过海关。当时文锦渡未通关，罗湖口岸是旅客通行口岸。在中英街开设工厂的特殊性在于生产的产品不用出关，从香港把需要加工的货物直接运进中英街，加工后直接运到香港，不用经过海关检查。这也是

沙头角丝花厂位于镇内阳和街，图为部分职工合影

（何壬坤 提供）

合资厂选址中英街的原因。

丝花厂虽然规模不大，但工厂整洁、设备先进，生产出来的花很好销，全部出口，远销欧美国家。此前沙头角居民收入很低，单位职工工资一般是38.5元，担任领导职务也只有40多元。丝花厂开办后，居民的经济状况逐渐得到改善。镇内和镇外的居民都到工厂领取丝花回家去插花，插一个月大约有100到200元的收入，比工资还要高。当时，镇政府也没有经济来源，穷得就连买包茶叶的钱都没有，接待客人都很困难。1980年1月18日，全国人大常委会副委员长杨尚昆来到丝花厂参观，他和大家座谈，询问工厂开办的经过和发展情况。他还很关心邹伟强的家庭生活，问寒问暖，让邹伟强很受感动。

丝花厂的成功开办在沙头角起到了引领和示范的作用，很快有了三家丝花厂、一家玩具厂、一家手套厂和一家牛皮加工厂，镇内最多时有六家工厂。深圳主流媒体以《沙头角丝花厂：点燃中英街繁荣的第一盏灯》为题做了深入报道。由于丝花厂发展思路对头，产品远销欧美国家，带动了中英街商贸业的兴旺。沙头角丝花厂在改革开放初期敢为天下先的敢闯精神在深圳改革发展史上留下了重要的一笔。

老板：靠"捡破烂"起家

20世纪80年代初，沙头角联合企业董事长何壬坤（左二）与外商在镇政府门前合影（中英街历史博物馆 提供）

　　沙头角在改革开放初期，曾经历过国家给政策，企业发展要靠自己想办法去筹措资金起步的阶段。曾在中英街从事商贸业的沙头角联合企业首任董事长何壬坤，为了解决资金不足问题，就曾带人去香港"捡破烂"，依靠去香港"捡破烂"积攒的资金起步发展。

　　对于中方人员能否去香港"捡破烂"，1978年，宝安县委书记方苞曾询问过来宝安调研的省委书记习仲勋："这些废品我们捡回来算不算走私？"习仲勋回答说："可以捡回来，废物利用嘛。"这句话就像

何壬坤当年使用过的港澳
通行证（何壬坤 提供）

何壬坤的出境审批表（何
壬坤 提供）

何壬坤当年使
用过的过境耕作证
（何壬坤 提供）

"定海神针"，给企业发展寻找突破的基层干部鼓了劲、壮了胆。当时，方苞问这句话时，是在试探国家政策方面的问题。香港是资本主义，资本主义的废品能让我们拿过来"废物利用"吗？实际上，后来沙头角联合企业公司的发展就是靠从香港"捡破烂"开始起步的。

有一次，笔者去何壬坤董事长家里采访，何老在回忆当年来沙头角创业的情景时仍很激动。他笑着说："改革开放初期，我从横岗调到沙头角区任经济办主任一职。领导让我们把经济搞上来，当时的条件太差了，政府没有钱，怎么办？后来我和公司的干部商量，大伙决定去香港捡破烂来卖！"接着，他们成立了"沙头角联合企业公司"，并通过公安局办理了过境耕作证。我们拿着过境耕作证去香港观塘、旺角等地，把香港人丢弃或不用的电冰箱、收音机、录音机和旧沙发收购回来卖钱。经过一段时间的积累，公司有了一些本钱，于是，就组织大家去收破烂，即把香港人更新换代的电器收过来卖。没想到收来的香港旧货很好卖，我们就想扩大生意，但还是由于缺少资金，于是，就发动大家到惠东、博罗等地去收购野味，然后带到香港卖。由于野味不好携带过关，于是，就采取分散携带的办法，把野味带到境外去销售。

当时，持深圳办理的过境耕作证去香港是限制区域的，只能在新界范围内生效，不能去港岛、九龙等繁华地带，甚至元朗都去不了。但是，捡破烂不去繁华地带，怎么能收购到比较好的东西呢？当时，虽然知道是违规，但谁也想不出什么好办法。

何老回忆说："我们在香港捡破烂，香港的警察是不怎么检查的。但有一次，在元朗收购废品时，远远看见两个香港警察向我走来，心想，这下完了，因为一旦被警察抓到，是要被当作偷渡人员遣送回来的。当时，国内对遣送回来的人是作为有案底的人处理的。当警察询问我从哪里来，来此地干什么时，我就主动承认说是从沙头角过来捡破烂的，有过境耕作证。我知道此证是不允许到元朗的，今后坚决改正。"其实警察没有问那么多，可心知'犯规'的何壬坤一股脑把啥话都交代了。警察也没说什么，只是提醒说：以后不要再'违规'了。我心想，还好，没有没收我捡来的破烂。"

当然，这样频繁去香港捡破烂，有时也会遇到不顺心的事情。

有一次，何壬坤拿着过境耕作证过石凹涌检查站，它是进入新界沙头角边防禁区的唯一检查站。有一位警察觉得我面熟，一边检查证件，一边调侃地说："田鸡仔又跳过来了！"何壬坤听到后非常生气地回

20世纪80年代初的沙头角综合商店（中英街历史博物馆 提供）

答："虽然我们内地居民穷，但你也不能侮辱我们！"何壬坤返回深圳后，就把在香港遇到的事情向市外办领导作了汇报，后来，市外办在与港方协调工作时提到此事，希望港方和气、礼貌对待内地过境人员。当何壬坤再次通过石凹涌检查站时，那位曾调侃何壬坤是"田鸡仔"的警员主动向他道歉。

何壬坤在捡破烂时也获得过一些重要的商业信息。有一次，他在过境香港捡破烂时认识了一位做公仔面的台湾老板。何壬坤参观了他的方便面工厂后，就直接向台湾一次性订购了5万箱方便面。订货前他已同

1981年何壬坤赴港使用过的港澳通行证和护照（何壬坤 提供）

台湾老板讲好"货卖完后再付款"。返回深圳后，何壬坤就发动大家到横岗、惠阳等地去推销，没想到只用了两个晚上就把方便面全卖完了。"那时，方便面很畅销，营业额一天能做到100万元"。这单生意让何壬坤和公司职工兴奋不已，因为，手头有了钱，就可以开展小额贸易和引进"三来一补"发展壮大自己。

何壬坤通过组织员工去香港"捡破烂"，逐步奠定了公司经营发展的基础后，就开始把目光放到外贸上。"广交会"是全国外贸的窗口，如果想做外贸生意，从国内拿订单，一定要走"广交会"这条路。但当时公司的名称叫"沙头角联合企业公司"。"广交会"组委会说，企业名字里面没有"外贸"两个字是不能做外贸生意的。于是，何壬坤就开始疏通关系，找了不少领导去做工作。最后，有关部门终于同意将公司更名为"沙头角商业外贸公司"。但由于公司没有出口权，加上当地已经有了一个"沙头角进出口公司"，沙头角镇不可能给两个进出口名额。"那时，无论干啥事都要批文，真是难死人呀！"

何壬坤是一个做事比较固执的人，想要做的事情无论困难多大他都要千方百计去做成。这时，他想起在香港"捡破烂"时认识的一家公司老板单国骅先生，单国骅听到这一情况后马上答应同上海外贸局牵线。那时，上海的永久牌和凤凰牌自行车在国内市场很抢手，通过关系，何壬坤一下子就拿到了10,000辆自行车的订单。当协议签下来时，何壬坤心中的滋味就别提了，酸甜苦辣，那是什么滋味都有啊！对何壬坤来说，拿到10,000辆自行车订单，这是他做梦也不敢想的事情。可是，他终于成功了。上海把自行车发到中英街后，由于当时公司还没有仓库，他们只能把自行车摆放在沙头角的田地里。公司派了10名员工24小时轮流值班。从此，沙头角商业外贸公司的生意逐步走上了正轨。

1983年，在何壬坤董事长的带领下，沙头角商业外贸公司在镇内环城路投资建了一座仿古建筑作为公司经营的宾馆。因为酒楼靠近沙头角海，故取名"碧海宾馆"。为了经营好这家宾馆，他除了亲自去香港招聘厨师为宾馆掌勺外，还去广州白天鹅宾馆招聘了一批身材和长相堪称一流的女服务员，酒楼的生意一度十分兴旺。碧海宾馆兴建的历史比较早，据说它是深圳最早的国营宾馆。

为了把生意做到香港，公司向交通部申报成立"深沙交通运输公司"，交通部批了10台车的指标。但运输公司在香港注册是有要求的，在香港做生意必须有固定的办公地点。于是，何壬坤就派人在九龙弥敦道买了一间房，并在香港注册登记了"深沙运输公司"。这样一来，沙头角商业外贸公司在开展进出口方面的业务可以说游刃有余，不断得到发展和壮大。

20世纪80年代沙头角关口（郑中健 摄，深圳美术馆 藏）

在何壬坤的身上有着一股子干劲和闯劲，归纳起来就是深圳人敢说敢干的开拓创新精神。他说："说起解放思想，那时的确有股闯劲，脑子里没啥框框，就是一个'干'字，怎样干能发展就怎样干。"何壬坤带领公司的干部员工走出国门，接受挑战，让公司业务走上了一条良性循环的发展道路，在沙头角对外开放的征程上创造了辉煌，在当时具有典型的示范意义。

"购物天堂"迎来八方宾客

20世纪80年代中期，中英街的商铺迅速增多，一条仅有250米长的小街，商铺几乎是一家挨着一家。据统计，到90年代中后期，中英街华界一侧的门店已经发展到160多家，新界一侧的门店有50多家，中英街的店铺按其发展空间计算已经达到饱和。当时，除香港著名金店"谢瑞麟"和沙头角日用百货商店外，中英街华界还进驻了国有金融机构。中国银行、中国农业银行、中国建设银行、中国工商银行等国有银行，大约有

20世纪80年代中期，改革开放让中英街成为文明遐迩的购物天堂

（何煌友 摄）

五六家银行在镇内设立了分理处。

1979年以前，中英街的商店以国营为主体，随着经济发展，不少公司纷纷加盟中英街商品零售业。进入20世纪80年代后期，中英街的经营方式开始多样化，一般实行集体承包。比较有名的商家有：沙头角进出口公司新建的"沙头角日用百货商店"和沙头角糖烟酒公司。而沙头角进出口公司和沙头角商业外贸公司无论是在投资规模还是在发展后劲上，在中英街均占有主导地位。

20世纪90年代初期，中英街不仅出现了个人承包制和租赁承包制企业，甚至还出现了股份制企业，员工也可以持股。90年代后期，开始出现一些与外资合作经营的商场。由此，中英街形成了国营、集体私营、外资（含合资、合作企业）和股份制公司等多种经营、共同发展的商业格局。

沙头角进出口公司与日本八佰伴合作，在中英街开办了新佰伴商场，中方占51%股份，日方占49%股份，该公司在中英街的发展速度很

20世纪80年代初，沙头角海关对购物居民进行查验（郑中健 摄，深圳美术馆 藏）

这幅照片是深圳摄影家协会原主席何煌友于1985年拍摄的。它是一张反映改革开放初期中英街最经典的照片。时隔25年后，何煌友和照片上的人再次来到中英街，他们站在原来的位置又重新拍摄了一张（在"重走中英街"活动中，照片上只有香港警察少了一人没找到）。何煌友讲述了这幅照片的拍摄经过：1985年的秋天，何煌友带着相机来到中英街，他想拍一幅反映改革开放中英街的照片，试拍了几张都不理想，最后他告诉武警战士："你们俩站着别动，等香港警察走过来我拍一张照片。"不一会儿，香港警察走到预定位置，何煌友迅速拍下了这幅照片。当时右侧的香港警官姚志明抬头望着中方一侧的变化。25年后，他激动地回忆说："你们这是偷拍的，我都不知道啊！"（何煌友 摄）

快。他们从开始起步时的几十个人，后来发展到1,000多人。特区建立后，该公司下属经营单位发展到21家。1988年，该公司的营业额达到人民币7亿元以上。"新佰伴"是当时中英街有名的超级商场，内部采用现代化的商场管理模式，硬件设施十分完备，有电梯，采用闭路电视监控管理。

在激烈的市场竞争中，如平真商场等国营商业机构也看好中英街的销售环境，还有新一佳商场也赶在20世纪末加盟了中英街的商贸队伍。新一佳商场与平真商场还合作开办了"新一佳平真百货商场"。

1981年至1982年，当地政府鼓励乡民开展小额贸易，政府从香港争取到一些小额贸易指标，把当地乡民生产的产品卖到香港，极大地刺激了当地乡民对农业生产的积极性。然后，政府鼓励人们再到香港进一些尼龙布和日常生活用品回来销售。当地生产队开始富起来，一些精明的乡民干脆弃农从商，开始在街面兴建或租赁店铺。

1983年至1984年，各级政府部门参与办商业。中英街开始有限制地向内地游客开放，游人逐渐增多。在沙头角关外，当时还没有正规的停车场，车辆的停放杂乱无序。已经在中英街买好商品的游客三三两两拎着大包小包往外走。从他们手中拎的东西来看，购买的商品主要是香港进口的生活必需品，如洗衣粉、公仔面、味精、染发膏等。

据统计："1982年沙头角地方财政收入人民币160万元，1983年是478万元，1984年是788万元，1985年是900万元，1986年突破1,000万元以上。自1991年后，每年地方财政收入已突破5,000万元以上"。随着当地经济的迅猛发展，沙头角的财政收入每年都在递增。

沙头角商业外贸公司商场部经理张冠南说：1983年沙头角商业外贸公司从香港组织布料到中英街销售，开始是进多少卖多少。后来，忙不过来就想了一个提高效率的办法，提前一天把成捆的布料大致切割，用印有"高级布料"的塑料袋统一包装。第二天，布料很快就脱销了。

1987年中英街快乐的女商贩（何煌友 摄）

　　按照边防禁区管理规定，从华界过去的游客不能到香港店铺购物。于是中英街商贸业经营呈现"一边倒"的发展趋势。购物人流基本上在华界店铺购物。因此，当时华界店铺的生意非常兴隆，而香港一侧的店铺相对冷清。由于购物人流不断增多，在巡警离开的时候，有人乘机跑到对面香港的店铺购物，并迅速把购物袋推向华界一侧。华界一侧自然有人默契配合，抓起购物袋就走。这一推一抓的动作也有被巡警发现的时候，一旦被巡警抓住就比较麻烦，因为当时，"越界"购物是违法的。

深圳市公安局曾在中英街的大榕树上悬挂了一块木牌，木牌上写着："凡持特许证入镇内干部、职工一律不准越边界，如违反者，进行处罚"。木牌不大，朝向中英街入口方向。一般情况下，没有太多的人会理会它的存在。

20世纪80年代中后期，中英街的商贸非常火爆。甚至政府部门下属单位也在镇内办实体、开门店。主要是销售啤酒、味精等内地难以见到的进口货。按照边防管理规定。沙头角镇内居民实行"三五"政策，即每个月可带5次商品到镇外，每次限带5斤，限购50元的商品，外地游客则可多带一些。

1985年至1990年，是中英街商贸业发展的鼎盛时期。这时已不再限制游客到英界香港商店购物。国内居民的生活水平有了一定的提高，游客办证进入中英街更为容易，人流最多时一天有近10万人。人们以购买服装、电子表、进口录音机等电子产品为主，也有部分人开始购买黄金首饰。镇内居民每年可带一台电视机出镇，一些公司可以到海关申请更多的贸易指标。当时，镇内各种门店已达200多家，日营业额百万元以上，最多时可达到400多万元。

中英街成为"购物天堂"的这段历史是沙头角商贸经济发展的黄金时期。

如果从中英街经营最旺的1985年到1995年计算，也只有10年的时间。回顾这飞速发展和发生深刻变化的10年，沙头角人民没有辜负老领导习仲勋来沙头角考察时提出的"优先考虑沙头角"的讲话精神，同时，实现了邓小平对深圳经济特区提出的"杀出一条血路来"的殷切希望。在中英街这个社会主义制度和资本主义制度并存的特殊环境里，其快速的发展已经说明社会主义制度下不仅可以发展市场经济，而且具有强大的生命力。

关于沙头角商业贸易公司
经济改革方案报告的政府文件
（盐田区档案馆 提供）

1992年1月18日至2月21日，邓小平同志在视察武昌、深圳、珠海和上海等地时发表了一系列重要讲话。尤其是继1984年来到深圳之后，再次踏上深圳这片热土，1992年邓小平视察深圳之后说："8年过去了，这次来看，深圳、珠海特区和其他一些地方，发展得这么快，我没有想到。看了以后，信心增加了。"

1992年邓小平的南方谈话发表后让深圳人民深受鼓舞。它不仅推动了我国改革开放的深入发展，同时也带旺了内地人来深圳的旅游和考察活动。当时，有大批人来到深圳、来到中英街，他们在观察和体验深圳改革开放所取得的发展成果后，对建设社会主义现代化的事业充满了信心。当时，中英街正处于购物和旅游兴旺的发展时期。

"天下第一镇"

　　中英街位于沙头角区。中英街和沙头角区的发展互为因果，相互影响。沙头角区总面积为62.8平方千米，占当时深圳经济特区总面积的五分之一。据1985年底统计，人口15,698人，常住人口8,858人。这样一个人口较少，辖区面积不算大的区，却在改革开放的浪潮中创造了不俗的业绩。

　　1992年2月24日，时任国家主席杨尚昆在深圳市委书记李灏陪同下来到中英街。他刚走进中英街就被游客认了出来，顿时，来中英街购物的人群中爆发出一阵热烈的掌声。看着眼前欢乐的人群和繁荣的街市，李灏书记不禁脱口而出："这就是天下第一镇啊！"杨尚昆主席兴高采烈地用英语说出了："The most famous town in the world"（天下第一镇）。他对沙头角的赞美之词不胫而走，传遍了祖国的大江南北。"天下第一镇"不仅是对沙头角改革开放所取得成就的充分肯定，也是对沙头角这座古镇历史地位的一种褒奖。

　　沙头角被誉为"天下第一镇"是有一定道理的。它包含着极其丰富的历史文化内涵和沙头角人民在改革开放中敢闯敢干的开拓精神。

　　第一，从政治上看，沙头角中英街保留着特殊的人文历史景观。它保存着英国占领香港地区的实物见证——中英界碑。同时，它是当今中国唯一且举世罕见的"一街两制"政治模式的示范代表；

　　第二，从经济体制特征上看，中英街汇聚着两种经济体制和经营模式；资本主义与社会主义的两种不同的经营模式在此碰撞，由此产生了一种从冲突走向融合的现代经济模式；

第三，沙头角建立了全国第一家农村股份制企业——沙头角群利股份有限公司。该公司经过20年的发展，现有注册资本4,158.4万元人民币，成为全国农村集体经济走向现代集体经济经营模式的典范之一；

第四，沙头角建立了全国第一个保税工业区。沙头角保税区于1987年12月25日经深圳市人民政府批准创办，并于1991年5月28日经国务院正式批准设立，是我国创办最早的保税区。

第五，黄金现货交易量曾位居国内前茅。按照《华侨日报》的报道，"中英街当时每天的黄金销售量大约在两三千两，按每两黄金四千港元计算，每个月的黄金交易量可达到三点六亿到四亿港元"。这一黄金交易量在当时是非常惊人的。

第六，1979年4月1日，经宝安县政府批准，沙头角丝花厂正式建立。这是沙头角镇政府和香港夏威夷有限公司合作投资、改革开放后较早在国内建立的中外合资企业。

第七，银行云集。在250米长，三四米宽的中英街上，汇聚了中国银行、中国工商银行、中国建设银行、中国农业银行和广东发展银行五大金融网点。中英街作为"购物天堂"和"黄金销售第一街"，它自身的魅力和业务发展吸引了众多银行加盟。从街区的面积和银行分布的密度来看，其分布密度无疑是空前的。

第八，盐田港单港吞吐量跃居全国第一。1993年，深圳盐田港集团与外资共同合资成立。一、二期工程总投资达港币72亿元。盐田港共有5个5万吨级集装箱泊位；三期工程投资额达港币66亿元。1994年运营后，盐田国际集装箱吞吐量成倍增长。1998年盐田国际吞吐量首次突破百万标箱；2000年突破200万标箱；2002年吞吐量更是突破400万标箱，为深圳港集装箱吞吐量突破700万标箱做出了重大贡献。同年，盐田国际荣获"深圳港集装箱吞吐量突破700万标箱贡献奖"。2005年盐田国际集装箱

20世纪80年代初，中英街榕树上挂着"禁止越境"的告示木牌（郑中健 摄 原沙头角镇委宣传部 提供）

中英街往事 特区中的"特区"

中英街每天接待着来自全国各地的游客（中英街历史博物馆 提供）

吞吐量达766万标箱，2007年超过1,000万标箱，其单港集装箱吞吐量已跃居全国第一。

由于沙头角有如此多的特色和新尝试，走在了全国的前面，因此，"天下第一镇"的美名是名至实归。

深圳经济特区建立以后促进了沙头角经济的发展。1981年之后，沙头角经济和社会发展速度令人刮目相看。当地政府首先把公路铺成了柏油路面，并进行绿化。紧接着，打通了一条长达2,200米的隧道，每天各种车辆穿梭不断，解决了从市内到沙头角的人流和物流的问题。随着改革开放的深入，沙头角镇从一个偏僻落后的小渔村变成了一个万众瞩目的现代化商贸重镇，形成了工业、商业、旅游和文化产业飞速发展的局面。沙头角人民的生活水平和质量有了显著的提高。

如果说，1979年深圳蛇口工业区的第一声开山炮拉开了中国"经济特区"建设序幕的话，那么，中英街随后的"开闸解禁"，则算得上是中国商贸业对外开放的悄然剪彩。

正如一缕和煦的春风，于无声处把封闭多年的边防禁区的大门吹开一样，在中英街这条长仅250米、三四米宽的狭小空间，演绎着亘古未有的商贸繁荣的奇迹。这是沙头角人民在十分艰苦的条件下，为望眼欲穿的国人"杀出的一条血路"。

一条小街，社会主义与资本主义制度并存；国营、集体、个体、合资和股份制多种经营模式共处。这是沙头角人敢闯、敢干，引领改革风气所创造的商业奇迹。

"沙头角镇内原来有一个农业大队，一个渔业队，470多户人家，2,200多人口，只种几百亩水稻，而渔业队'三天打鱼，两天晒网'，一年的农业总产值才20万元左右，集体分配人均一年才100—140元。建立经济特区后，当地办起了丝花厂、玩具厂、牛皮加工厂、五金厂、石料场等，并对农业结构进行了调整，引进外资发展蔬菜40亩，种花18亩，挖鱼塘养鱼230亩，还办起了养鸡场。"

从1985年开始，沙头角镇内家家户户建起了小洋楼，不少人还开始经营房地产。据统计，当地的新楼和旧楼加起来，人均居住面积已达到90平方米以上，平均每户出租的房子超过了100平方米。不仅新建的楼房拔地而起，居民的生活和福利均有了保障。他们当中的许多人已经发家致富，不仅家用电器齐全，而且不少人购买了小汽车，过上了富足的小康生活。

伴随着沙头角商贸经济的迅猛发展，镇内的市政设施和文化建设也在一步步地向前推进。镇内有3家文化单位，一家新华书店、一家电影院和一个文化站。新华书店建在中英街华界一侧，是深圳市新华书店的分店。沙头角影剧院则是拥有4,000平方米的一流设施。此外，还有幼儿园、学校、妇幼保健中心、医院门诊大楼、防疫大楼、羽毛球训练馆、游泳池等体育设施也相继建设起来，这些设施已成为当地居民生活和文化活动不可缺少的场所。

20世纪90年代中期，沙头角区先后完成旧城改造1,000多万平方米，古镇面貌换新颜；围建海堤3,500米，填海造地50多万平方米，为深圳东部经济的发展和腾飞奠定了坚实的基础。这里先后建起了沙头角发电站、海滨制药厂及辐射大鹏湾的工业区。此外，还建起了大、小梅沙度假村等一批旅游产业基地，初步形成了深圳东部黄金海岸线。

在精神文明建设方面，沙头角涌现出了全国"三八"红旗手、中英街活雷锋陈观玉和国务院、中央军委命名的"沙头角模范中队"等先进集体和模范人物。1987年，深圳发行首批股票，陈观玉听说买股票可以支援国家建设的消息后，就将香港亲戚给她买药治病的钱全部买了股票。1990年，深圳股市突然升温，陈观玉意外地获得了45万元巨额回报。她对家人说："这笔钱是国家改革开放的好政策带来的，应该把它还给社会，用于帮助那些有困难的人。"她的爱心得到了全家人的支

全国三八红旗手、中英街"活雷锋"陈观玉。陈观玉是中英街精神文明建设的代表人物（陈观玉 提供）

持。于是，全家人列出了一个需要资助的家庭、学校、贫困山区、残疾人等名单，将30万元捐了出去。陈观玉是深圳义工联的义工，经常帮助别人。她认养的159个干儿女都是她曾经帮助过的孩子。近几十年来，陈观玉照顾孤寡老人、帮助贫困者，捐助了近百万元。

2008年7月，陈观玉不仅参加了奥运火炬的传递活动，还被广东省委评为"南粤楷模"——改革开放三十年广东省重大先进典型人物。

"黄金海岸"

1986年，中英街在商贸经营品种上进入了一个新的转折发展阶段，迎来了以黄金珠宝销售为特色的销售高峰。随着黄金交易量的增加，中英街很快变成了"黄金珠宝一条街"，沙头角海岸顿时变成了"黄金海岸"。这是沙头角中英街针对国内计划经济政策的制约，及时调整市场经营所进行的一次"亮丽转身"。这一次"转身"意义不同凡响，不光体现了市场经济带来的巨大灵活和优越性，而且，吸引了全国人民的眼球。

回顾中英街商贸业的发展变化，大致经历了3个阶段：

第一阶段，从"文革"后期开始，以小额农副产品经营为主。来中英街购物的多是港方居民，也有不少从深圳市内赶来的居民和少量游客，所购物品大多是米、菜、肉、鸡等物美价廉的农副土特产品。有少量人员进出沙头角关口，一改中英街过去萧条冷落的状况；

第二阶段，20世纪80年代中期开始是以布料等日用生活品的经营为主。当时，慕名而来中英街购物的人多数是来深圳旅游的内地游客，所购物品以服装、布料、雨伞、丝袜、香皂、味精以及食物等生活日用工业品为主。后来，出现了电器销售热，如新式照相机、数码摄像机、录音机、手机等。每天入关的游客数量基本保持在平均三四万人，有时多达近10万人。

空间狭小的中英街，每天都容纳几乎"爆棚"的游客。当时，虽然规定不允许深圳和内地居民越过界限到港方购物，人少时两边的警察都会干涉和制止。但是，港方店铺的老板也乐得生意兴隆，就连警察也

从1986年开始，中英街成为黄金首饰一条街（中英街历史博物馆 提供）

在中英街华界金店挑选黄金首饰的顾客（中英街历史博物馆 提供）

是睁一只眼闭一只眼。中英街商品销售从开始的"一边倒"逐步变成了"两边热";

第三阶段，20世纪80年代后期至90年代，以金银首饰经营为主。改革开放带动了内地经济的发展，随着人民生活水平的提高和思想的解放，人们以佩戴金饰为时尚。但由于内地仍执行计划经济，政府对金价实行统管，每克24K黄金售价150元，而中英街每克24K黄金售价96元港币，面对巨大的差价和香港首饰时尚的款式，巨大的商机对国内市场形成了强大的吸引力。

当时，由于内地群众将金银首饰作为美化生活、婚嫁礼仪或者相互赠送的重要礼品，需求量较大。新界的商人在得知内地金银首饰走俏的信息后，迅速在中英街香港一侧开了20多家金铺，香港著名的四大金铺都进入了中英街。

1988年，华界沙头角的商人也跟着开起了金铺，金银首饰的销售一下子变成了热点。金铺的竞争十分激烈，形成与新界金铺势均力敌的经营局面。华界金铺最多时就有47家，新界沙头角渔业协会副主席陈志明曾让人数过在中英街黄金首饰店铺的数量，最旺的时候共有86家。沙头角海岸成为真正的"黄金海岸"。

当时国内的免税街很少，中英街黄金销售价格低、款式新、品种齐全、销售量大。其销售的黄金饰品总是及时地展示香港金饰设计的最新成果，其精湛的工艺和花色品种令内地各大城市的金行心悦诚服。国内客商和游客纷至沓来，来中英街购买金饰成为时尚。

据调查，中英街转入黄金销售兴旺期后，华界金铺的黄金交易量一个月达到或超过了一吨。《深圳特区报》记者采访中英街合发行的老板娘时，她深有感触地说："那时的中英街，街上除了人还是人，人们侧着身子往店里挤，忙都忙不过来，顾客根本不讨价还价，进来就抢购，好像不要钱似的。当时，黄金首饰店铺的日营业额少则万元，多则十几

1996年来中英街购物的人流。中国银行后面的谢瑞麟巨大的广告金字招牌竖在中英街华界一侧，非常醒目（中英街历史博物馆 提供）

万元。黄金首饰很抢手。为了节省时间，许多商品均按件计费。金铺的日营业额达到百万元以上。"那时，仅香港在中英街开设的黄金店铺有几十家之多，销售的黄金量很惊人，可以按吨来计算。

据统计，1988年5月至10月间，中英街上的金铺共销售黄金饰品5吨，金额达6.5亿港元。全年的销售额达到了15.68亿元。购金热持续升温，到1992年更是达到了高潮。

1989年7月12日，香港《华侨日报》以"黄金市场——沙头角中英街"为题，对中英街的黄金销售进行了报道："中英街的一边属香港，一边属深圳。在这条长不到二百米的窄巷上，原来的百货商店摇身一变，大部分成了顺应潮流的金铺。去年中英街的'黄金热'达到高潮，创了纪录，一天里有三家金铺同时开张。半年间出现了百间金铺，'九九九，十足黄金，批发零沽'的招牌林立。香港店主也有妙招：沿街店铺挂满新潮服装，但只要揭开一个帘子，里面的柜台即摆满金饰。因此，只要顾客揭开帘子便可以购买黄金了。那里二三两重、筷子般粗的金项链，四两、半斤重的金手镯，直至纯金块、金砖，工艺都是一流的。"

《华侨日报》署名李学明的文章还对当时购金者涌入中英街的原因作了如下分析：其一，"内地近年不断提高黄金价格，当新价公布后，市场上的金价马上以议价方式扶摇直上，120元、140元、160元，最高达170元1克，大部分还要搭售翡翠、珍珠项链"。其二，"另一个价钱是以外汇券79元可买一克黄金，而按黑市外汇兑换计，金价也在160元1克以上。一向偏低的中国黄金价格，在通货膨胀的推动下，攀越了国际金价最高点"。从而使得更多的内地人蜂拥而至，来到中英街抢购黄金饰品。

中英街黄金市场的形成在促进经济和商业繁荣的同时，也出现了许多问题：

首先，中英街每天的黄金销售量大约保持在二三千两左右，按每两黄金4,000港元计算，每月的黄金交易量可达到3.6亿到4亿港元。"黄金

20世纪90年代，中英街金店仍是鳞次栉比（中英街历史博物馆 提供）

热"造成了大量外汇流失；

　　第二，黄金交易不以人民币直接支付，需支付套汇成外币进口黄金的费用，因而加重了人民币贬值的压力；

　　第三，由于内地的金价、首饰加工费、经纪、佣金等偏高，沙头角的金铺可以赚取内地的利润；

　　第四，由于内地的金价高于香港价格，因此利润被加工和销售等中间商赚取。由于金价的差异大，黄金大量从中英街流入内地，造成金价的巨大波动；

　　第五，管理和疏导政策上的滞后，造成黄金黑市走私现象严重，加剧了边境和海关监管的压力和管理上的一系列问题。

　　1989年，沙头角镇内工商所、公安分局针对中英街黄金走私猖獗开展专项打击和整治，仅在查处的3宗黄金走私案中，涉案金额就高达上千万元。

　　中英街在成为"黄金海岸"的同时，也逐渐变成了走私分子走私黄金的通道。2013年5月17日，据"深港在线"报道，由于国际金价暴跌，不少内地人去香港抢购黄金。5月10日，沙头角海关在中英街旅检大厅，查获一起人身藏匿走私黄金案件。一女子把3块重达3千克的"9999千足金"藏在文胸里出关，由于神情紧张而被海关查获。

中英街居民何集庆，其祖父何其玉从1906年创立茂生堂中药店开始就在中英街从事商业贸易活动。可以说，他的一家见证了中英街历史发展的全过程，可作借鉴。1939年8月，日军占领沙头角。1940年何其玉去世后，何昌珍子承父业，继续经营茂生堂中药店的生意。茂生堂中药店一直坚持经营到1945年日本投降。

中华人民共和国成立初期，何昌珍的儿子何集庆参加了"边纵"接管广州的工作。1986年他从广州返回沙头角。何集庆回家后，其子何明波在原茂生堂中药店旧址开始经营"明兴百货商店"。当时，正值黄金销售最旺的时候，何集庆察觉到中英街黄金珠宝销售潜力巨大，于是，他马上把门店改为"明兴珠宝金行"。他顺应潮流的"改行"让店铺的生意旺了起来。其账册记着每天的营业额大约保持在二三十万元。全家人喜获"丰收"的心情真让人难以忘记。他们下班后仍不能休息，还要盘点，即聚在一起点钞票，然后存入镇内的银行。

那时，在中英街开金店的老板多少都有"点钱点得手发酸"的经历！就拿明兴珠宝金行来说，开始卖金货时店里只有一台保险柜，后来陆续添置了6台，别人问他，"你买这么多保险柜干什么"？他说，"这个装钱、存放金货才最安全"。何集庆说：那时外地人来到中英街进货用的都是装粮食的麻袋，当时人民币没有大面额，一二十万元就装满一麻袋。这种进货的方法对于外面的人，可能连听都没听说过。

2007年香港回归祖国10周年前夕，中央电视台"实话实说"栏目在中英街拍摄《中英街传奇》，节目主持人和晶专门采访了何集庆。节目播出后，在全国引起较大反响。这真是一次对中英街"黄金海岸"经营状况的大揭秘。当摄制组把何集庆家中曾经营的明兴珠宝金行用过的大保险柜都搬到拍摄现场，在主持人和被采访人的一问一答中，中英街销售黄金的许多鲜为人知的故事——被中央电视台"实话实说"给了全国人民。

1996年，来中英街的游客仍然很多，当时，人群把整条街道都挤塞得满满的。这一时期，中英街的"黄金热"开始逐步降温，随之而来的"电器热"和"生物制品热"让游客们疯狂不已，主要是不断推出的价廉物美的商品吸引了人们。

电子产品是这一时期人们追捧的热销商品，包括手机、相机、各类录像机等。海关是禁止携带电器产品出关的，但镇内仍有不少商店在经营电器，这虽然与海关的管理规定有矛盾，但电器热的发展趋势已经很难控制。随着国内居民生活水平的提高，"花钱买健康"的观念使中英街新推出的"生物制品"同样受到欢迎。美国的"新生命"系列被引进中英街，购买的人络绎不绝。

20世纪八九十年代，来中英街购物掀起的狂潮是在特殊的历史条件下形成的。香港学者刘智鹏、丁新豹、刘蜀永根据中英街的商贸经营状况在一篇论文中写道："特殊的历史背景赋予中英街的人文内容是吸引来自全国各地游客的因素之一。更重要的是国内开始推行市场经济之时物资紧缺的实际情况以及免税和显著的价格优势引发了中英街的购物狂潮。始于20世纪80年代末的中英街黄金狂潮印证了这一点。当时内地实行黄金管制，价格偏高，而中英街的金铺从香港进货，随便买且款式时尚，实行两种货币交易，兑换相对简单，大批内地游客在中英街狂购金器。"

香港回归，就像是出远门的孩子回家了；一百年的风雨沧桑，不离不弃；天安门广场，无数双眼睛在等待，倒计时牌下，闪烁的数字，仿佛心脏在跳跃；回家吧，香港；会展中心，国旗冉冉升起；中英街居民的小屋里，老人激动的泪水流淌在胸襟。

第八章
香港回归与中英街转型

回归：百年历史的终结

中英界碑第一号（孙霄 摄）

中英界碑上清楚地写着：中英地界，光绪二十四年，1898；

中英街100年的历史从1898年开始，至1997年中国政府恢复对香港行使主权后终结，正好是100年。

1997年6月30日午夜至7月1日午夜零时，中英两国香港政权交接仪式在香港会展中心新翼五楼大会堂举行。中国国家主席江泽民、国务院总理李鹏，英国查尔斯王子、首相布莱尔等与4,000多名中外来宾出席。

6月30日23时59分，英国国旗和香港旗在英国国歌的乐曲声中缓缓降落；7月1日零时整，中国国旗和香港特别行政区区旗在中华人民共和国国歌乐曲声中徐徐升起。江泽民宣布中国对香港恢复行使主权。

1997年7月1日1时30分，香港特别行政区政府宣告成立。特区行政长官董建华、特区政府主要官员、行政会议成员、临时立法会议员、终审法院和高等法院法官依次宣誓就职。

1997年7月1日午夜零时，中国政府恢复
对香港行使主权，香港政权交接仪式在会展
中心举行（新华社图片）

　　关于中英街100年的历史，笔者曾在《中英街的形成与变迁》一书中
提出了"三段说"。

　　第一阶段是从1899年3月18日中英两国在沙头角勘界结束，至1985年
5月27日互换《中英联合声明》的时间为止。在86年这段漫长的时间里，
中英街由中英两国按照所签条约，即中英《展拓香港界址专条》和《香
港英新租借合同》为依据，对中英街进行分别治理。这是两个主权国家
分别对中英街进行的管理，因此，它与1997年7月1日中国政府恢复对香

中英街往事 特区中的「特区」

1996年巡逻在中英街的中港双方军警（余海波 摄）

香港回归前夕，中英街两边的华人居民和边防部队的战士一道在中英街挂国旗和区旗（中英街历史博物馆 提供）

港行使主权后形成的"一国两制"完全不同。

　　1984年12月19日中英两国在北京签订联合声明。声明的全称为《中华人民共和国政府和大不列颠及北爱尔兰联合王国政府关于香港问题的联合声明》。

　　声明指出：中国恢复对香港地区行使主权，英国政府也于1997年7月1日把香港地区交还中国政府。同时确定了中国政府对香港的基本政策方针。中国政府在声明中承诺，在"一国两制"的原则下，中国政府会确保其社会主义制度不会在香港特别行政区实行，香港本身的资本主

1997年7月1日下午，由深港两地代表参加的"中英街两地居民庆回归联欢大会"在回归广场隆重举行（中英街历史博物馆 提供）

1997年7月1日上午，沙头角人民载歌载舞参加香港回归祖国巡游活动（中英街历史博物馆 提供）

义制度可以维持五十年不变。1985年5月27日，中英双方互换《中英联合声明》。

第二阶段，从1985年5月27日至1997年6月30日，是中英街从"一街分治"向"一街两制"的过渡阶段。这个阶段共经历了12年。这12年正是中英街沐浴改革春风，不断走向开放，进入辉煌发展的历史时期。

新界沙头角中心小学的学生们冒雨来到中英街参加巡游（中英街历史博物馆 提供）

政治对经济的发展具有强大的感召力和影响力。由于香港问题已经得到了圆满解决，"港人治港""高度自治"和"五十年不变"使得人们对香港的未来逐渐有了一个更加清晰的认识，港人的信心得到了增强。而中英街的辉煌正是在这种大的历史背景下出现的，它为中英街从"两国分治"进入"一街两制"做了充分铺垫。

中国设想在香港回归后建立香港特别行政区，并根据在中英联合声明所作的承诺，制定了香港特别行政区基本法，明确了在香港实行一国两制、港人治港和高度自治的原则。

在中英街"一街分治"时期，英界和华界的居民仍有来往，但两地政治关系紧张，有时甚至会爆发边境冲突。进入过渡期之后，由于香港问题已经解决，排除了导致两地关系紧张的重要政治因素，边境两边居民的来往更加密切，深港两地的官方关系也大为缓和。两地官员还时常坐在一起共商地区发展的大计。

1987年，香港《华侨日报》转载《瞭望》周刊介绍沙头角"一镇两制"的文章写道："近年来，每逢春节和十月一日国庆节，沙头角中方管理区的区委干部，沙头角港方的乡首脑、警务署长、移民局长等官员，常假座碧海宾馆举杯共贺，同度佳节。他们亦在一起交流磋商，共同商讨沙头角的安定繁荣之道。"

第三阶段，从1997年7月1日至今，它是"一国两制"的实践阶段。中英街在"一国两制"架构下，掀开了"一街两制"新的历史篇章。

1997年6月30日深圳沙头角居民们迎接香港回归祖国，欢送驻港部队的官兵。这既是边界两边居民在相隔百年之久的重新相聚，也是所有中国人洗刷殖民主义侵略历史耻辱、扬眉吐气的历史时刻。

1997年6月30日傍晚，中英街的居民们都坐在电视机前收看中国政府恢复对香港行使主权的电视直播。居民们看到了中华人民共和国国旗从香港会展中心冉冉升起，看到了中国人民解放军海陆空三军驻港部队冒雨进驻香港；也看到末代港督彭定康登上了回家的游轮。此时此刻，人们激动万分，思绪连篇，有人甚至泪流满面。尤其是亲历这段历史的老人更是彻夜长谈，度过了一个不眠之夜。

1997年7月1日零时，中英街迎来了历史上最具新闻价值的历史瞬间。此时，中英街已经戒严，中英街三号界碑旁正在进行"历史转

　　1997年7月1日零时，在中英街3号界碑旁，香港警察换掉皇家警徽，换上紫荆花帽徽，中英街从"一街分治"进入"一街两制"（唐晓阳 摄）

　　这幅照片是反映香港回归当晚"零时中英街"的一幅经典照片。当时中英街已经戒严了，拍摄这幅照片的是广东省公安边防六支队宣传干事唐晓阳

换"。两位香港警察正在摘掉皇家警察帽徽，换上了紫荆花帽徽。而站在旁边的两位边防战士默默地见证着警察身份的变更。

清晨，悬挂着国旗和区旗的中英街，充满了喜庆的回归气氛。居民们起得格外早。他们来到中英界碑旁，迎接香港回归祖国后的第一缕阳光。有许多平常看不见的老人都——走出家门，去放飞自己愉快的心情。

欢庆的锣鼓敲起来，腰鼓队、舞狮队以及新界沙头角小学的学生和居民群众都参加到游行队伍的行列。瞬间，中英街变成了花的海洋。为了迎接香港回归，中英街摄影学会特意组织了所有的会员来到中英街进行采风和创作活动，他们用手中的照相机记录了一个个珍贵的历史画面。

"中英街两边居民庆祝香港回归祖国大会"于1997年7月1日下午在中英街"回归广场"举行。虽然天空还下着雨，但热情高涨的中英街两边居民仍冒雨参加了隆重的庆典活动。

沙头角诗人李宜高在香港回归时创作的《中英街上观国旗》，以诗

1997年7月1日，中英街居民在三号界碑旁舞起雄狮，庆祝香港回归祖国（李小韬 摄）

2004年3月，深圳市"中英街3·18警示日"活动举行大型升旗活动，武警战士升旗队模仿天安门升旗仪式，其行走姿态十分威武（孙霄 摄）

歌的形式记录了中英街庆回归的历史。

中英街上观国旗

企盼了三万六千五百个日子，

忘不了那一场刻骨铭心的分离，

日不落的旗帜无可奈何终落下，

中英街上又升起了一面鲜艳的五星红旗。

一九九七年七月一日，

零点的钟声震撼大地，

历史的这一刻多么神圣，

全世界的目光关注着这里的升旗仪式；

历史的这一刻多么庄严，

民族的尊严和国旗一道升起。

啊，国旗啊，国旗！

国旗下，五彩云霞轻轻起舞，

国旗下，金丝鸟儿翩翩腾飞，

鲜花和泪水化作道道彩虹，

彩虹把国旗映照得更加绚丽。

企盼了三万六千五百个日子，

忘不了那一场刻骨铭心的分离，

日不落的旗帜无可奈何终落下，

中英街上又升起了一面鲜艳的五星红旗。

一九九七年七月一日，

零点的钟声震撼大地，

历史的这一刻多么神圣，

炎黄子孙亲眼目睹国旗冉冉升起；

中英街往事

特区中的「特区」

历史的一刻多么庄严，
宣告"一国两制"今天开始。
啊，国旗啊国旗！
国旗下，马照跑，舞照跳，
国旗下，海阔天空任鸟飞，
鲜花和信念化作道道彩虹，
彩虹把国旗映照得更新更美。

困惑：商贸业的衰退

中英街往事

特区中的「特区」

20世纪90
年代末的中英街
（孙霄 摄）

　　2007年6月14日，香港《文汇报》刊登记者熊君慧、实习记者罗冬凯《中英街铅华洗尽复平淡》一文。文中指出："随着'自由行'、CEPA实施等两地人员、贸易往来的逐渐开放，赴港旅游购物已是内地寻常百姓可以轻易实现的事，中英街逐渐成为'被人遗忘的角落'，其兴衰变迁，令人感叹。"

　　20世纪90年代后期，中英街商贸业开始逐渐走向低落。国家进一步扩大开放，内地的市场经济蓬勃发展，国外物美廉价的商品大量涌入深圳和内地，对中英街商贸业的发展形成了巨大的冲击和挑战。中英街不再是一枝独秀，游客来到中英街是观光的多、购物的少。

中英街门店的租金不断走高，经营者纷纷转包门店，承包者惨淡经营。此外，还出现销售假冒伪劣商品和强买强卖等不良现象，中英街"物美价廉"的口碑每况愈下。

中英街商贸业衰退的原因很多，主要有以下两方面的因素：

一是作为"香港窗口"功能的削弱。当年中英街之所以能够吸引众多游客，主要是因为内地人去香港非常困难，香港对许多人来说有神秘感。当时除非因公出差或旅游，一般人不能去香港。旅游仅限于少数大城市，且费用高昂。而去中英街比较容易，费用也低，一般老百姓都可以去，在中英街就可以进入香港的店铺和接触香港人。从某种程度上讲，中英街具有"香港窗口"的功能。

2003年7月，"港澳自由行"率先在广东沿海地区推行，并逐渐扩大。2004年7月，开放"个人游"城市的总数达到了32个，开通范围逐渐扩大至北京、上海两个直辖市以及江苏、浙江、福建及广东省。2005年11月，自由行计划扩展至成都、济南、沈阳以及大连等4个西、北部中心城市，实施个人游计划的内地城市增加到38个。2006年4月20日，个人游计划又延伸至江西南昌、湖南长沙、广西南宁、海南海口、贵州贵阳和云南昆明等6个内地省会城市。

香港既是旅游胜地，也是购物和美食"天堂"。"个人游"的联动效应让香港的零售业、酒店业、运输业、金融服务业等相关产业纷纷受益。香港的迪斯尼、海洋公园、兰桂坊、铜锣湾、女人街、海港城等旅游和商业设施，对内地游客形成了极强的吸引力。根据港府统计：从2001年至2006年期间，内地赴港人数从445万激增至1,360万，内地游客占游客总增长量的79.4%。在旅游收入方面，香港旅游总收益从2001年的618亿港元增加到2006年底的1,194.3亿港元，其中，由内地游客所贡献的旅游收益由2001年的158亿港元增长到2006年的379亿港元。

随着内地居民直接赴港旅游越来越方便，中英街作为"香港窗口"的作用也就自然开始削弱，游客人数也开始下降。据统计，2006年中英街接待游客为443,381人次，较2005年，同比下降了69%。由此看来，中英街依靠内地游客购物和旅游的传统遭到了挑战，它所透出的强烈信息表明，中英街的发展必须从长计议。

二是失去了商业竞争的优势。中英街"香港影子"的逐渐淡化，只是中英街所面临的诸多危机之一。对于深圳市民而言，以往凡购物第一个想到的就是去中英街。而如今，不断开放的深圳，世界百货业巨头美国的沃尔玛、山姆会员俱乐部，法国的家乐福和日本的吉之岛等纷纷登陆深圳。这些零售业的巨头在带来丰富商品的同时，也带来了当今世界最先进的商业文化和经营理念。国内原有的零售企业从外来的商业文化当中不断地吸取营养发展壮大，使国内的零售业市场出现了空前的大发展。它们对深圳百货零售业带来的巨大冲击也是无法避免的。

中英街毗邻香港，原有的商品来源是世界性的，不仅品种齐、款式多、价格便宜，而且和国内原有的商品市场的封闭落后和单调形成了极大的反差。但是，随着改革开放的不断深入，尤其是在诸如沃尔玛等一些世界零售业巨头陆续登陆深圳后，中英街原有的商业优势就消失了。

中英街商贸业的发展是自发形成的，没有统一的规划和现代商业管理模式，完全是一种边境贸易小市场的经营状况。面对中英街存在的这种先天不足，政府曾试图采取一些办法和措施予以补救，例如，引进了"新一佳"和"平真商场"等一些大型商业机构进驻，并在政策和资金上给予扶持。但是，中英街仍然很难与世界零售业巨头相抗衡。

中英街的兴旺是特殊时代和特殊背景下的产物，从本质上讲它并不具备成为商业中心的地理优势。它之所以能成为"购物天堂"，也正是由于它特殊的地域环境、历史背景和社会需求，是改革开放的中国需要

进入世纪之交的桥头街街景（孙霄 摄）

进入21世纪之后的
中英街街景（孙霄 摄）

中英街成为俯视香港、透视世界，作为改革开放的边境示范窗口。

　　中英街地处边关，按照边境禁区规定进行管理，沙头角当地的居民是十分有限的，它只能支撑一个边贸小镇的商贸集市。禁区外的游客受到边防管理的制约，最兴旺时期，日流量10万人次左右。当社会的进步和发展使整个社会的商业氛围和结构趋于正常化后，人们对商业的要求已经从简单的购物需求，发展到了商业的便利服务。人们为了获得无法得到的商品而历经千山万水，绕过层层关卡，一睹中英街"购物天堂"风采的乐趣就已经荡然无存了。

　　人们在尽情享受市区便利购物服务的同时，有谁还愿意为去沙头角中英街购物而历尽周折呢？尽管有不少深圳市民仍对中英街怀有感情，但是，前往购物的市民已是寥寥无几。倒是有一些盐田和沙头角的居民喜欢在节日来临之际到中英街疯狂采购。与其说是享受剩余不多的差价，还不如说是对曾经那段辉煌历史的追忆和留恋，但仅凭当地少量居

中英街店铺前门可
罗雀（孙霄 摄）

民的疯狂采购，永远也无法恢复昔日的热潮。

　　沙头角当地也有不少喜欢来中英街购物的居民，他们非常了解中英街进口商品的价格，只要价格变化，他们准会发出抱怨。原来一桶调和油90元港币就可以买到，后来涨到150元，时间不长又涨到200多元。中英街的"物美价廉"突然消失了，如今的商品价格高得让人"大跌眼镜"。

　　"大浪淘沙"，适者生存。那些能够坚持下来的店主经历了考验。比如，中英街"实惠"和"波记"等少数几家百货商店不仅坚持下来，甚至在节假日，去购物的人流仍然很多。虽然靠个别几家商店已无法恢复中英街商贸业的辉煌，但他们却顽强地延续着中英街商贸业脆弱的"生命"，但这种延续几乎是痛苦和漫长的。

转型：中英街的发展

　　中英街的转型是从世纪之交商贸业出现衰退之后，所面临解决的一个发展问题。因为，从20世纪90年代末开始，来沙头角购物的国内游客明显减少，中英街的人气急剧下降。

　　"萧条冷清的中英街，放眼望去是一连串紧闭的卷闸门。粗略一算，九成以上的店铺停止了营业。开门的寥寥数家也打出了'清货'、'甩卖'的招贴。街口一家商铺门前贴出大红纸，上面写着'大甩卖''最后一天清货'；另一家卖数码产品和金银首饰的商店，打出招牌'MP3、数码产品……30元起价'"。以上情形是一位记者2006年4月在中英街的所见所闻。

　　中英街从开始的"流连忘返"变成了"门可罗雀"。面对巨大反差，管理者一时不知所措，经营者观望守株待兔；投机者闻风蠢蠢欲动；消费者群体人数锐减。

　　中英街出现的问题，虽然原因诸多，却让商家感到失落，让消费者敬而远之。尤其让当地政府感到头痛的是，由于中英街地理位置的特殊性和经营群体的复杂性，它存在"一抓就死，一放就乱"的实际状况。

　　其实，中英街衰退的原因离不开当时国内大的经济环境和背景。一是内陆地区已从计划经济进入市场经济，物质生活水平较前有了较大的提高；二是自由行的开通，适应了游客赴港旅游和购物的心理需求；三是伴随着当地市场经济的进一步发展，国外大型超市的引进，加剧了商贸业的竞争。以上综合因素给中英街带来了无法阻挡的冲击和影响。

面对衰退的中英街究竟如何应对？盐田区政府曾在征求各界人士意见后，针对转型需要提出了"休闲、旅游、观光和爱国主义教育"新的发展定位，同时针对中英街商贸业存在的实际问题开展了综合治理。政府相关部门对假冒伪劣和制假售假的不良现象给予了坚决打击。中英街大约有十几家门店关闭。

另外政府在广泛征求各界意见的基础上，决定对中英街进行局部改造。它集中表现为：

文化设施的竣工。1999年5月1日，中英街历史博物馆落成开馆，它的建成开馆颇具象征意义，成为中英街出现商业萧条之后，在政府主导下所闪现的一缕向文化转型的曙光。

主题活动的开展。"中英街3·18警示日"活动的举行成为深圳市爱国主义教育活动的一大亮点。

旅游景点的开发。相关部门在当时的关外设计制作了一面浮雕墙，突出了与中英街历史有关联的许多年代数据，比如1898（签订条约）、1899（中英勘界）、1951（设置禁区）、1980（改革开放）等。这些历史年代简单明了，给游客留下了较为深刻的印象。

另外，政府采纳了中英街历史博物馆提出的"恢复中英街历史文化八景点"建议，开发了国旗风采、古井乡情、古榕奇观、警世钟鸣、吴氏宗祠、天后庙宇、侵华见证、中英界碑8个景点。在政府相关部门的积极引导和媒体的配合下，中英街从过去单纯的商贸业性结构开始转向了旅游、休闲、观光、购物和爱国主义教育的新的转型发展时期。

当中英街的转型初步取得成效后，从2003年至2006年，政府邀请中国城市规划设计研究院深圳分院开展"中英街城市规划改造设计"。但由于中英街地域狭小，高层建筑改造不易，还会涉及文物保护等诸多因素，对中英街的规划改造比实际预想要困难得多。

于是，政府召集了有省市文物专家参加的论证会。会议采纳了文物专家提出的意见，把"中英街城市规划改造"调整为"中英街历史风貌保护与改造规划"。这一调整是建立在对中英街历史风貌的恢复和保护基础之上的，并按照文物"修旧如旧"的规定组织实施。

主要实施内容包括恢复了中英街骑楼。骑楼从七号界碑一直延伸至三号界碑。工人修复了位于七号界碑附近的中英街古井，重新修复和加固了井口、井床，并采用石柱把古井保护起来。在桥头街设计制作了一个具有岭南建筑风格的石牌坊，并对牌坊周围的商铺进行了"穿衣戴帽"的包装改造。在东和小学附近，新建了一座仿宋古塔，名曰"古塔公园"。

在中英街四号界碑大榕树旁的一段墙体设计了《东和墟》浮雕墙，它再现了民国时期东和墟市繁荣的景象。构思巧妙的是，设计者让一个卖荔枝的客家妇女挑着担子从《东和墟》浮雕墙中走了出来（妇女和担子为圆雕）。此雕塑墙是由深圳形而上雕塑设计公司的雕塑家余鹏设计制作的。此次改造，还在中英街三号界碑附近新界沙头角海山酒楼的烟囱前竖起了围墙，设计制作了深港警察执勤的浮雕，并写有"深港合作，共创繁荣"8个大字。

中英街历史博物馆的陈列改造工作同时进行，新展览《百年中英街》面积1,200平方米，展线500多米。博物馆组织专家对陈列大纲做了比较充分的论证。陈列的艺术效果较前有了较大提升。体现了"三贴近"和"以人为本"。制作的15个场景复原达到了让观众走入中英街历史场景中去感受历史的观展效果。新陈列还充分利用模型、硅胶像、电子地图、声控效果等现代陈列手段。博物馆还根据中英街旅游的特点，创意设计了"自助听讲"开关，把"快餐理念"植入博物馆，收到较好的效果。展览得到专家的肯定，也得到观众的好评。夏思义博士经常带领香港学生来中英街参观。他告诉许多香港朋友说：中英街历史博物馆是他看到的最好的博物馆之一。

香港新界沙头角中心小学的学生来博物馆参观，笔者在做介绍

（孙霄 提供）

2004年，深圳（盐田）博物馆国耻教育论坛在大梅沙开幕

（孙霄 提供）

"中英街3·18警示日"活动取得了显著成效。中英街历史博物馆和沈阳"九·一八"历史博物馆合作共建，提出了爱国主义教育"资源共享，南北互动"的合作口号。

尤其是2004年至2006年，接连举办了三届全国性博物馆馆长论坛和两届中英街发展论坛。三届论坛的主题是"国耻教育""爱国主义教育"和"科学发展观与博物馆实践"。论坛的规格和影响力不断扩大。

2004年"国耻教育论坛"的主题首次提出，它吸引了国内建立在近代历史遗迹之上的著名博物馆馆长的参与。

2005年的馆长论坛，有15家博物馆联合签署"第二届（深圳盐田）博物馆爱国主义教育馆长论坛"宣言。宣言的主要内容是"贴近未成年人，开展爱国主义教育"。《深圳晚报》以整版篇幅刊出大标题"我国博物馆异地互动签署首份主题宣言"引起社会关注。

2006年，在"科学发展观"刚提出来不久，博物馆确定了"科学

2006年深圳（盐田）科学发展观与博物馆实践馆长论坛在大梅沙开幕，中国博物馆学会理事长张文彬、国家文物局副局长张柏等领导出席（孙霄 提供）

发展观与博物馆实践"的主题，它吸引了更多的博物馆馆长参加，原国家文物局局长张文彬、副局长张柏，国家博物馆副馆长马英民、沈阳"九·一八"历史博物馆馆长井晓光、南京大屠杀遇难同胞纪念馆馆长朱成山等馆长受邀莅临深圳出席论坛。活动的举办扩大了深圳、盐田区以及中英街历史博物馆的影响。

从2007年到2008年举办的两届"中英街历史与发展论坛"主要结合中英街出现的转型问题，请深穗港地区的专家学者给予把脉。他们发表了许多值得参考的意见。

定位：人文中英街

政府对中英街转型的决心和措施，对中英街的发展产生了积极影响。中英街新的规划和定位经过市政府批准后组织实施，即"一国两制历史景区和名优特商品的集散地"。紧接着，一期工程开始建设并顺利完工。商贸业的人气有所回升，经营秩序明显好转。本地居民来中英街扫港货的现象又让小街旺了起来。

2011年，沙头角鱼灯节活动的举办，给寂静的沙头角增添了节日的喜庆气氛。鱼灯节放在中秋节举行，邀请了附近地区的非物质文化遗产项目来到盐田参加表演交流。这一形式得到了广东省文化厅和深圳市文体旅游局的充分肯定。

2012年，一条近250米长的大型浮雕墙《让历史告诉未来》展现在游客面前，它将中英街故事以浮雕的形式写到了墙上。就在大型浮雕墙还未完工时，从北京传来了激动人心的好消息：中英街荣膺中国历史文化名街。根据严格的评选规定，一座城市只能有一条历史文化名街。

2015年，政府继续加大对中英街的管理力度。1月5日，中英街管理局挂牌成立，重点从"整顿秩序、繁荣商业、提升环境、发展文化"4个方面给予了加强。3月份，该局正式启动"整治打击假冒伪劣行为和涉嫌欺诈商家活动"，并采取整治"水客"走私行为的系列措施。经过半年多的努力，"水客"走私活动得到明显遏制。

在商业方面，沙头角商业外贸有限公司副总经理钟进忠表示，"中英街营商环境明显提升。2015年，该公司在中英街所有临街商铺全部招满，

2005年中英街历史风貌保护改造项目之一（孙霄 提供）

商户业绩较2014年增长了30%左右。中英街管理局局长徐刚认为："要繁荣中英街文化和商业，必须有一个良好的社会秩序和通关环境，把中英街打造成建设'美好盐田'的样板街区，闻名中外的精品小镇。"

其实，在政府的引导和支持下，中英街的文化建设已有新的发展，一个富有客家文化特色的民间博物馆"沙头角鱼灯舞民俗博物馆"已于2016年12月建成开放。它是中英街进入转型发展的重要标志之一。

2008年笔者在《中英街的形成与变迁》一书中提出，中英街的未来要走"人文中英街"的发展道路。即把中英街的未来规划和发展逐步转移到文化建设上来。因为，港澳居民一般是不会来中英街购物的。随着自由贸易区的发展，深圳和内地居民今后在购物方面会有更多选择，竞争会更为激烈。因此应该大力发展中英街文化旅游，开发系列文创产品，增加旅游

2005年中英街历史风貌保护改造项目之二（著名雕塑家铁恩厚前来指导"东和墟"浮雕。右一是雕塑家余鹏）（孙霄提供）

服务项目。比如：延长通关时间后，开展文化体验活动，开发客家九簋菜系列、举行鱼灯节巡游、建设专题博物馆等。当然，围绕文化建设及与之相关的规划建设项目，管理者需要把握一些原则性问题。

"中国历史文化名街"不仅是深圳市和盐田区荣获的一项国家荣誉，更是国家赋予中英街今后的发展定位。中英街今后的规划发展应参照我国历史文化名街、名村的管理法规，在保护的基础上发展文化旅游，建设部门须慎重把握与中英街相关的建筑规划设计项目。并在"一国两制"的框架下开展中英街历史文物保护和利用工作。决策部门领导及规划建设部门，提高文物法规意识则显得尤为重要。

作为国家历史文化名街，文管部门的责任就是坚守和保护中英街现存的历史文物和风貌，而不是动不动就进行改造。改造自然可以"旧貌换新颜"，但却会失去中英街应有的历史价值和旅游价值。我国历史名城建设的实践证明，凡是旅游景区搞得好的，都是文物保护工作做得好

2012年6月21日中英街荣获"中国历史文化名街"揭牌仪式在博物馆广场举行（孙霄 提供）

的单位。反之亦然。

　　沙栏吓村的旧改工作对中英街的发展具有重要意义，如果规划建设得好，则会提升中英街文化旅游的优美环境和参观景点的丰富多彩；规划建设得不好，则会直接对中英街文化旅游产生负面影响。

　　中英街是一个特殊的社区。它的未来发展和走向，可以参照2013年国家文物局下发的"关于发展我国生态社区博物馆的通知"精神，把中英街（深圳一侧）从整体上规划和建设成一座具影响力的生态社区博物馆。将生态社区的概念引入中英街，与博物馆的发展相结合，通过维护原有的社区生态系统平衡，实现资源的高效循环利用及和谐，形成环境优美、文化资源丰富，能够实现良性循环的一流生态社区。

相关附录

从半坡村到中英街

从西安来到深圳，是我人生的一次转折。

我是西安人，曾在西安半坡博物馆工作。那时，大家嫌麻烦，干脆就把这座建于半坡遗址的博物馆简称"半坡"。于是，我和我的同事都成了"半坡人"。

黄河流域是中华民族的摇篮。半坡遗址是距今6,000多年前原始社会氏族公社时期较为完整的一处聚落遗址。它反映了早期人类社会生产、生活以及艺术与发明创造等方面的历史文化，是仰韶文化的典型代表。

如果说我的人生有哪些值得记忆和最具传奇色彩的故事，那么，应该就是从西安半坡村走进深圳中英街的人生经历。虽说都在博物馆，但一个是距今6,000多年前的村落遗址；一个是深圳近代史上著名的一条"一街两制"的小街。

从半坡村到中英街，无论是从历史时空，还是从专业领域，都堪称人生一次绝无仅有的跨越。这次跨越让我对史前文化和近代历史的变迁产生了强烈的兴趣。

来到深圳虽然已经25年，但我始终无法忘记自己是"半坡人"，无法忘记在半坡村的日日夜夜，以及半坡人发明创造中让我痴迷的尖底瓶和半坡彩陶上那些神秘莫测的鱼文化。正是半坡的鱼文化让我和中英街客家人的鱼灯舞不期而遇，以至于启迪我能够把它们有机地联系在一起，去畅想人类鱼文化的发展源流和客家人南迁的历史。

想起第一次来深圳是在1989年12月，那时真可以用"囊中羞涩"来形容。当时深圳给我留下的印象是国贸大厦三天一层楼的建设速度，以及冲击人们传统思维的口号："时间就是金钱，效率就是生命"。

1991年我正式调入深圳市文化委员会。来深圳后，作为"半坡人"，我一直希望到特区的博物馆感受一下。直到我在深圳文化部门工作了8年后，终于把目标锁定在深圳东部的中英街。

当时选择来深圳经济特区，是因为深圳仍是一张白纸，可以去描绘文博事业最美好的蓝图。选择沙头角则是因为中英街。在这里可以按照自己的想法去设计一座博物馆，它是隐藏在我内心深处的愿望。没想到，我在中英街与数千年前从陕西岐山南迁至此的客家人后代相遇了，并和村长成为好朋友。有意思的是，吴氏家族举族南迁，他们的姓氏"吴"字的客家话发音就是

我来深圳前在西安半坡博物馆留影
（孙霄 提供）

我在中国人民大学读书时在学校大门外留影（孙霄 提供）

"鱼"。它甚至让我突发奇想，吴氏家族和半坡的鱼图腾部落是否有内在的联系呢？吴氏能迁到大海之滨，而我为什么不能呢？因此，我也来到了他们身边，成为一名新的客家人。

记得20世纪80年代在西安那会儿，"文革"结束后不久，国家博物馆事业迎来了发展高峰。由于文博人才青黄不接，国家文物局决定委托国内名牌大学给博物馆培养专业人才。

中国人民大学对于首次开设的博物馆学课程非常重视，历史系除安排最好的教授授课外，还从北京大学、故宫、中国历史博物馆、自然博物馆请来全国知名教授和博物馆专家授课。在中国人民大学对博物馆学的系统学习很重要，它为我后来的博物馆工作奠定了基础。

记得第一次去中英街是在1992年。我随市文委社文处的同事来到中

1995年沙头角镇委投资30万元建设的中英街历史博物纪念馆，
讲解员黄巧媚给战士讲解（孙霄 提供）

英街。当时关外车水马龙，街内人头涌涌。难道这就是中英街吗？香港
那边的店铺都搭着雨篷，感觉破破烂烂。进入中英街后，眼前看到的除
了人，还是人。由于人流多，根本挤不进去。于是，我们绕道从海傍街
旁的小路径直来到新华书店。

　　第二次来到中英街是在1997年，听说沙头角镇新建了一座中英街
历史纪念馆，我们专门去参观。在中英街沙头角文化站几间简陋的小屋
里，我们参观了《中英街的故事》展览。听了该馆讲解员黄巧媚的介
绍：该馆开放3年来已接待游客11万人次。纪念馆虽然场地不大，但不时
会有游客进馆参观。那天，听黄巧媚说沙头角镇委准备在中英街建一座
像模像样的博物馆后，我心想机会来了。来深圳后的几年，我一直有一
个强烈的愿望，就是寻找机会归队，回到博物馆工作。

1998年盐田区委常委、宣传部部长
熊力（左三）主持中英街博物馆筹备会
议，市文管办黄中和主任（左一）听取
汇报（孙霄 提供）

　　两次"探营"，我吃惊地发现，中英街是一个稀缺性的资源。它不仅是中国近现代历史的缩影，而且这条小街和民族的命运紧密相连。它就像一本教科书，会娓娓道来客家迁徙、中英勘界、边境冲突、改革开放的历史故事。在这些历史故事的背后却包含着中英关系史、粤港关系史、抗战史、海关史、改革开放史、客家迁徙史、香港回归等多种资源，实在是太丰富了。这些资源经过整理，可以通过博物馆的收藏、陈列和研究功能进行展示。

　　之后，我向市文管办黄中和主任谈了我的想法。她表示理解并给予支持，和我一起来到盐田新区调研，见到了区文化局局长冯琦。冯琦是我的陕西老乡。他说："盐田新区刚成立，筹建中英街博物馆是领导下达的重要任务，正在犯愁没有专业人士呢！你抓紧过来。马上参加筹备工作。"就这样，我先从市文管办借调到盐田新区，具体负责中英街历史博物馆的筹建工作。

1998年7月，我来到刚刚成立的盐田新区负责中英街历史博物馆筹建工作。

我的"寻梦之旅"是从筹备建馆工作起步的，当时的思路是：做好文物展品的征集工作；打造一个爱国主义教育品牌；创意一个好展览；组建专家顾问团队，搞好学术研究，在研究的基础上提升展览的质量，扩大博物馆影响力并提升其知名度。

激情燃烧的岁月

1998年，我正式借调盐田新区参加中英街历史博物馆的筹备建馆工作，这不仅是一次艰苦环境下的考验，也是一次"真刀真枪"的博物馆实践。当时，对于做好新馆的筹备工作我还是有一点底气的，除在中国人民大学的系统学习外，还有在"半坡"多个业务部门工作的经验。因此，投身筹备建馆工作和开馆后发起一些有影响的活动那段时间，成为我今生无法忘记的激情燃烧的岁月。

中英街100年来的历史变迁，不仅留下了中西文化碰撞的痕迹，也留下了东江纵队抗击日本侵略者的传奇故事。这些资源需要尽快组织人力，调查、收集、研究和消化。

开馆前夕，我带着杨洁琼、黄巧媚、舒芳3位同事投入到紧张的筹备工作。这是博物馆最初的团队。高岩是作为甲方工程代表参与了初期的工作。后面陆续加盟了陈逢新、李惟林、张蓓、蒋斌、段萍。不久，政府下拨了40万元作为文物征集经费。

我们召开了东纵老战士参加的"中英街文物征集座谈会"。何基、何集庆、廖运、蓝奋中等东纵老战士纷纷向本馆捐赠了抗战文物和图文资料。12月底，我赴京津地区寻找近代文物展品。在天津收藏家孙林瑞的帮助下，一次竟找到了100多件19世纪英国和晚清时期的文物和展品。除此之外，他还协助本馆仿制了清代火炮等展品。尤其是那门锈迹斑斑的清代火炮，展出效果非常逼真。

展览还制作了反映东和墟市和中英警察执勤的硅胶像。其中，东

开馆伊始，我主持召开了馆务会议（孙霄 提供）

和墟的模型做得非常精致，数百个历史人物和沙栏吓村客家村庄尽收眼底，展览利用了声光电技术制作的地图，效果非常好。沙头角镇委宣传部又送来一批原深圳海关职工郑中健拍摄的中英街老照片。

开馆前夕，盐田区委书记戴北方带领新区四套班子来到展馆筹备现场检查工作，他们在听取汇报后对博物馆筹备工作给予了充分的肯定。

常言道："十月怀胎，一朝分娩"。中英街历史博物馆在经历了一番孕育之中的"痛苦"后终于诞生了。我的体会：一座小型博物馆，在部门设置不全和人员少的情况下，馆长应该成为一名"杂家"，不仅能够撰写陈列大纲，还必须掌握博物馆的基本工作规律，甚至能够承担讲

展楼外貌（中英街历史博物馆 提供）

第一展厅（张章 摄）

基本陈列"一街分治"序言
（中英街历史博物馆 提供）

1999年5月1日，中英街历史博物馆开馆（孙霄 提供）

解工作，同时还应该作为本馆学术研究的带头人。

1999年5月1日，在弥漫着商业气息的中英街，一座反映中英街百年沧桑的专题博物馆建成开馆。在一个硕大的红色充气拱门下，广东省文化厅和深圳市委的领导、东纵老战士代表、深港两地的居民代表陆续来到博物馆展楼纷纷给予祝贺。在当地吴氏客家人传统的锣鼓声中，欢快的麒麟舞跳了起来，从来馆参观的每个人的脸上都可以看出大家当时的喜悦心情。

开馆后，全国政协副主席万国权、全国人大常委会副委员长吴阶平先后来馆参观并题词。国家文物局局长张文彬也来到中英街调研，为本馆题写了"一国两制窗口，百年历史见证"条幅。

开馆后，博物馆把针对青少年的德育教育作为抓手。但是博物馆建在禁区里面，要开展针对青少年的德育教育，必须突破禁区对青少年进出关的限制。因此，我们和省公安边防六支队十三中队一起搞共建，博物馆成为十三中队爱国主义教育基地，初步解决了中小学生入关参观的问题。但后来，学校比较多，从学生进入边境地区的安全考虑，由于边防管理存在一定的责任问题，学生进出通道变得不太通畅。为了能够从根本上解决问题，我们通过多渠道向有关部门反映存在的问题。

2003年，中央军委发布了通知，取消沙头角宵禁，同时，对于青少年进入中英街历史博物馆参观问题给予支持。学生入关问题解决后，本馆与附近学校建立了联系，每年附近的学校都会组织学生来馆里参观。不久，本馆成为广东省、深圳市爱国主义教育基地。

另外，我们在对中国近代史研究的基础上，向区委宣传部提出建议，将1899年3月18日中英勘界结束日作为"中英街3·18警示日"，请示得到批准。从2002年开始，警示日活动被区委固定下来。2003年，活动升级成为深圳市重要的爱国主义教育活动。

《中英街历史》陈列大纲是在经费投入有限、时间仓促、文物和展品资料不足的情况下完成的。尽管如此，开馆后，该陈列得到上级的肯定和观众的好评，但从陈列艺术的角度及陈列主题的提炼来看，我是不太满意的。2005年至2006年，博物馆在文物展品较前丰富、研究工作取得一定进展、改陈经费落实的情况下，组织开展了改陈工作。

中英街历史博物馆是一座专题博物馆，同时也是一座小型博物馆。因此只能坚持"小而精"，不能追求"大而全"。小型博物馆的运作和大馆基本相同，一样也少不了。由于馆内业务工作头绪多、任务重、人

2010年3月18日，深港两地的小学生参加"中英街3·18警示日活动"（孙霄 摄）

手少，有些重要策划、学术研究、陈列论证等工作必须借助专家团队的力量。

开馆后，为了推动业务工作，我们在深港两地聘请了几位学者作为博物馆历史顾问。他们均是深港地方史研究的著名专家。多年来，在专家顾问团队的支持和帮助下，我们推动了博物馆业务工作的开展。深圳博物馆馆长黄崇岳为中英街历史博物馆的发展倾注了许多心血，给予了帮助和指导。香港珠海学院教授萧国健博士作为博物馆顾问提供了

《深圳晚报》报道：2005年在深圳（盐田）爱国主义教育论坛上，来自全国15家博物馆的馆长签署馆长论坛宣言（孙霄 摄）

香港珠海学院萧国健教授（左二）和深圳博物馆黄崇岳馆长（右二）是中英街历史博物馆聘请的历史顾问。右一为市文管办同事彭全民。图为参加"中英街志编修"合影（孙霄 提供）

不少香港历史线索。

岭南大学名誉教授刘蜀永给予博物馆许多指导和帮助。比如：他牵线促成了深港两地史志部门首次合作完成的《中英街与沙头角禁区》大型图录的编辑出版工作，并促成《百年中英街》图片展览赴港展出，以及介绍英国警官韩家杰先生为博物馆捐赠18件文物和展品。

开馆后，新界警署、中英街警官麦建豪先生、警署署长姚志明先生均为博物馆捐赠了警用文物。香港教师宋煌贵先生给博物馆捐赠了近百件客家民俗实物。在抗战史方面，东纵老战士廖运最早给博物馆捐赠了文物，何基在开馆初期专门陪我去小梅沙税站看望当年的老房东。何集庆给博物馆捐赠本馆毛泽东主席撰写的《论持久战》等一批早期书籍。在客家历史的挖掘上，吴天其、吴伟彬、吴马生、吴观球等人均为博物馆做了许多有益工作。

丁新豹博士在担任香港历史博物馆总馆馆长时，不仅莅临中英街历史博物馆指导，还和刘蜀永教授一道，协助我前往大屿山寻访海域界碑，去

中英街历史博物馆基本陈列"开通火车"（中英街历史博物馆 提供）

2006年改陈后的"百年中英街"基本陈列（中英街历史博物馆 提供）

博物馆顾问英籍香港学者夏思义博士带领岭南大学的学生来馆参观（中英街历史博物馆 提供）

　　2012年3月，大型图录《中英街与沙头角禁区》出版座谈会在中英街举行。这是深港两地史志部门首次合作取得的一项成果（孙霄 提供）

香港薄扶林墓地寻找辛亥革命志士。

　　2002年至2008年，中英街历史博物馆为纪念香港回归祖国5周年、抗战胜利59周年和纪念改革开放30周年，出版了《中英街》《东纵在盐田》和学术专著《中英街的形成与变迁》，与深港地方志部门合作编辑了《中英街与沙头角禁区》图录。

励志：从铸钟说起

2001年改造前的警世钟亭（孙霄 摄）

2002年改造完成后的中英街警世钟亭
（孙霄 摄）

中华民族100多年来的屈辱历史就是一部励志史，同时它也是一个民族悲壮历史的深刻记忆。从中英街最早传出的钟声是渔民出海祈祷海神护佑的钟声；改革开放后，天后宫传出的钟声是商贩们祈祷天后赐福、生意兴隆的钟声。

2000年，中英街开展了对历史文化的挖掘和恢复改造工程。中英街关口，一个反映19世纪英国割占香港、九龙，租借新界的文化墙映入人们的眼帘；政府重新定位了中英街的发展，拟恢复中英街8个历史文化景点。

有一天，时任盐田区区长来到中英街调研，他说：在博物馆广场应该做一个怎样的历史文化景点，能够在集中反映中英街历史的同时，兼具爱国主义教育的功能？我回答：铸钟，铸一口警示钟，教育后人"勿忘历史，警钟长鸣"。他当即点头表示赞同，认为可行，并把铸钟的事交给中英街历史博物馆负责。

中华民族有以钟记事、以钟警世的文化传统。为了让子孙后代铭记中英街这段屈辱的历史，铸一口钟具有重要的存史、警示和砺志教育的意义。如何设计中英街警示钟并赋予它丰富的文化内涵呢？我们在查阅历代铸钟资料的基础上向区领导提交了中英街警世钟铸造方案。

古代铸钟有多种用途。正如明代科学家宋应星在《天宫开物》中所云："凡钟，为金乐之首，其声一宣，大者闻千里，小者也及里余，故君视朝、官出署，必用以集众；而飨以酒礼，必用以和歌……"当然，古代君王多把钟用于封建礼乐之物，整日沉靡于"钟鸣鼎食"的享乐之中。

北京大钟寺有一口号称世界"铭文钟王"的明永乐大钟，钟口铸有《金刚经》，钟内铸有《华严经》，钟外用汉文、梵文铸满诸神菩萨名称，共计230,184个字，是当今世界钟体上铭文最多的仅有之物，被列为世界之最。当然，铸造中英街警世钟则是从爱国主义教育出发，主要用于警世教育。

2000年6月，博物馆向上级提交了《中英街警世钟设计与铸造方案》，并开始进行图案构思设计和铭文创作等工作。区政府很快批准了铸钟方案。我作为主要策划人之一，参与了方案创意设计，撰写，并深入了解铸造技术、工艺要求、钟铭校对和安全吊装全过程。

中英街警世钟的设计构思：

重量：1.55吨，象征着英国殖民主义侵略和瓜分中国领土一个半世纪；

钟高：1.842米，象征1842年中英《南京条约》的签订；

钟群：设计了8个梯形，象征中英街现存的8块界碑；

钟腰：设计了深圳市花簕杜鹃和香港特别行政区的紫荆花图案缠绕

中英街往事 特区中的「特区」

在钟腰，象征深港文化源远流长；

钟壁：钟壁的图案"日出沙头，月悬海角"和紫荆花、簕杜鹃是由深圳市美术家协会原副主席、深圳艺术中心油画家黄希舜设计；

钟肩：钟肩设计有21朵莲花，象征21世纪；

钟钮：铸造了两个龙头相交，象征着炎黄子孙和龙的传人；

钟铭：钟铭委托深圳商报记者侯军创作并撰写。铭文采用了汉赋体，四六对仗的格式，全文由349字组成，文字精炼，内涵丰富。铸在"警世钟"的铭文记录了中英街百年历史沧桑；它铭记着历史的屈辱和教训；铭记着中华民族的兴衰；铭记着改革开放的滚滚春潮；铭记着中华民族的发奋图强。

中英街警世钟由安徽芜湖造船厂采用响铜材料铸造。铸成的钟在运抵中英街后先悬挂在改建后的边防哨楼里。

中英街历史博物馆在筹备"中英街历史"基本陈列时，对英国强租新界和中英沙头角勘界的历史进行了深入的研究，并于2001年提出，将3月18日，即1899年沙头角勘界完成的时间作为"警示日"，告诫世人勿忘国耻，发奋图强。3月18日是对中英街形成有着重要意义的日子，标志着英国殖民主义者根据不平等条约中英《展拓香港界址专条》完成了实质性的领土瓜分行动。

2002年3月18日，盐田区委、区政府举行了首届鸣钟仪式。钟声响彻深港上空，震撼着深港两地参加鸣钟仪式的每一位华夏子孙的心。之后，每年3月18日，中英街的钟声从海边传来，低沉的钟声在深港天空回荡，它是"中英街3·18警示日"的钟声。

不久，盐田区政府重新建造了警世钟亭。这座由建筑设计师余加女士设计的钟亭，是一个用水泥浇铸的建筑物，其巧妙的构思来源于中国结。一条中国结构成了警世亭的整体结构，黑色大理石阴刻的内容是不平等条约的主要内容。立柱体的错位设计给书写中英街的历史提供了空

　　2002年盐田区委主办了首届"中英街3·18警示日"鸣钟仪式。2002年3月18日上午10时，盐田区委书记戴北方在首次举行的"中英街3·18警示日"鸣钟仪式上宣布：每年的3月18日将作为"中英街警示日"并举行鸣钟仪式。当天，盐田区委、区政府领导、公安边防部队代表、东纵老战士代表、深港居民代表和深港学生等500多人共同参加了鸣钟活动，鸣钟十八响（孙霄 提供）

间，一面写沙头角"3·18"勘界历史，一面记录香港回归祖国的历史。警世亭，"勘界"与"回归"的内容共存。

　　中英街警世钟距大鹏湾仅100多米，距离中英一号界碑仅有五六米。它犹如一位饱经沧桑的老人，引导人们穿越时空隧道，重现中英街屈辱的历史场景。前望大鹏湾滔滔海浪，近看中英界碑，让每一个身临其境的中国人牢记百年荣辱，为振兴中华而努力。

　　"中英街3·18警示日"活动在社会上产生了极为深远的影响。2003年，"中英街3·18警示日"活动，引进了香港著名邮票收藏家周耀祺先生"历史不能忘记——鸦片战争与香港"展览，它不仅丰富了"3·18"

2005年3月16日，中英街历史博物馆与沈阳"九·一八"历史博物馆举行共建爱国主义教育基地签字仪式（孙霄 提供）

警示日活动的内涵，也扩大了活动在港澳地区的影响。自2004年开始，"中英街3·18警示日"活动从内容到形式都发生了重要变化，影响更为深远。一是警示日活动从2003年起成为深圳市爱国主义教育的主题活动。二是邀请沈阳"九·一八"历史博物馆作为活动主办单位之一，形成了"南北互动、资源共享"的特色，有利于把活动影响扩大到全国。博物馆还从沈阳引进了"侵华日军暴行展"，极大地丰富了爱国主义教育活动的内涵；三是将警示日活动扩展成一个系列活动，从2002年到2013年，警示日活动在表现形式上主要有：升旗仪式、奏唱国歌、大型展览、学生宣誓、专题讲座、馆长论坛，以及区委组织部、区关工委、

2017年3月18日，"中英街3·18警示日"鸣钟仪式活动在中英街举行（中英街历史博物馆 提供）

区教育局深入各学校举办的主题教育活动"民族精神代代传"等内容。

2005年，"中英街3·18警示日"活动，盐田区委宣传部力邀天安门广场国旗护卫队和"天下第一刀"专利人沈从岐先生参加，他们向盐田区政府赠送了特大号国旗和"天下第一刀"。这些赠品已入藏中英街历史博物馆。由于"中英街3·18警示日"系列活动的影响不断扩大，中央文明办授予该项活动"未成年人德育教育活动创新"提名奖。

2006年，为做好"中英街3·18警示日"活动，中英街历史博物馆派员专赴南京，特邀侵华日军南京大屠杀遇难同胞纪念馆"12·13侵华日军南京大屠杀史实展"来深圳展出。3月18日上午，在举行的鸣钟仪式上，两地博物馆的孙霄馆长和朱成山馆长互相交换了"中英街警世钟"

2004年，"中英街3·18警示日"系列活动在盐田区市民广场举行大型升旗仪式（孙霄 提供）

和南京大屠杀遇难同胞纪念馆"和平大钟"子钟。"南京大屠杀史实展"开幕后，参观人流不断，好评如潮。

2014年到2017年，警示日活动融入了文艺表演形式，如：深圳信息职业技术学院的大学生举行的配乐诗歌朗诵；社区居民大合唱；习学书院举行的国学经典诵读；香港新界中心小学的竖笛合奏《龙的传人》和情景剧等。

这些活动极大丰富了警示日活动的内涵。国家文物局和中国博物馆学会领导专程前来参加警示日活动，对活动内容、馆际互动的合作模式以及活动所产生的社会影响给予了充分肯定。海内外众多媒体曾以"北有九·一八、南有三·一八"为题，对"中英街3·18警示日"系列活动进行了充分报道，使活动影响不断扩大，形成了良好的舆论氛围。

2015年，文化部把深圳市"中英街3·18警示日"鸣钟仪式活动列为港澳文化重点交流项目。从2002年开始，由深港两地人士共同参加的鸣钟仪式活动已在中英街举行了15届。其实，在整个深港地区，迄今能够见证鸦片战争历史的实物，目前也就只有中英街和中英界碑了。中英街的历史文化资源、教育资源和旅游资源进一步向香港开放，能够让深港两地青少年充分地利用。

深港同根同源

深港地区同根同源，唇齿相依。两地华人血浓于水，情深谊长。奔流不息、连接两地的深圳河是深港近现代历史发展和变迁的见证。

从明万历元年（1573年）起，到19世纪英国逐步占领香港地区为止，深港地区一直属广州府新安县管辖，县治设于南头（今深圳南头古城）。民国三年（1914年）新安县改为宝安县。1979年撤县建立了深圳市。1980年8月26日，深圳经济特区建立。

鸦片战争爆发后，原属新安县3,076平方千米土地中，有1,055.61平方千米脱离其管辖，深圳和香港划境分治。其实，香港归属的新安县即后来的宝安县和深圳市。由此证明，香港是中国不可分割的一部分，深圳和香港自古就是一家。

香港回归祖国后，1999年建成开放的中英街历史博物馆以其特殊的地理位置和应有的担当与责任，成为深圳与香港接触最多，合作交流最频繁的博物馆。2007年，香港国民教育中心总监吕如意博士、课程部麦焕燕主任来到中英街历史博物馆访问。双方达成了合作意向，决定以中英街为平台，合作开展"中英街历史文化之旅"活动，针对深港两地青少年，取得了显著的效果。

中英街毗邻香港新界，中英界碑仍历历在目，而中英街历史博物馆的基本陈列"百年中英街"对英国殖民主义发动鸦片战争和香港历史问题做了客观解读。凡来到中英街历史博物馆参观的观众，均有所收获。之后，香港国民教育中心分批从香港中小学组织了近万名青少年参加

中英街往事
特区中的「特区」

深圳南头古城。明万历元年（1573年）是新安县治所在地（刘蜀永 摄）

"中英街文化之旅"活动。

吕如意博士还多次邀请中英街历史博物馆派人赴港参加由香港国民教育中心举办的主题活动。这些交流，增加了相互间的了解。

吕如意博士在谈到她对中英街历史博物馆参观的观后感时说："我对中英街历史博物馆的印象非常深刻，因为，它不同于其他博物馆比较静态，中英街历史博物馆非常互动，而且资料非常丰富，是一个多元化的博物馆。另外，我认为中英街历史博物馆是一个很好的爱国主义教育基地，因为这里的一些展品作为历史的回顾能够让市民、东纵老战士、边防部队

相关附录

315

2009年，香港国民教育中心与中英街历史博物馆共同举行了"国情教育基地"挂牌仪式。我主持了活动仪式，并与吕如意博士在协议书上签字。活动得到中央和地方的多家媒体报道（孙霄 提供）

2010年2月26日，我受邀赴香港出席全球华人弘扬中华文化论坛，并在论坛讲述百年中英街历史（孙霄 提供）

战士，特别是学生，让他们看到一些历史展品和图片等，让他们受到深刻的教育。"

由于博物馆与国民教育中心就国情教育开展的合作共建，我有机会多次受邀赴港参加一些主题活动，如"纪念《香港基本法》颁布20周年""弘扬中华传统文化研讨会""全港青少年传统文化教育颁奖礼"等。在香港的中小学生中，有不少人并不了解中英街。通过这些活动，我把"中英街故事"带到了香港。

"中英街文化之旅"活动的开展，为香港青少年来到中英街历史博物馆参观和学习创造了条件。他们除了参观博物馆外，还来到东和小学和同学们一起参加升国旗、唱国歌和开展"手拉手"活动。不少香港学生通过参观了解了英国割占香港、九龙和强租新界的历史，同时也加深了对中英街历史的认识，加强了对国家的认同感。

沙头角中英街鸟瞰图（丘威宇　摄）

关于租借新界

19世纪末，列强在中国划分势力范围，掀起瓜分狂潮。英国利用这一时机，强行租借了今界限街以北、深圳河以南的大片中国领土及其附近岛屿，即后来所谓的"新界"，从而完成了对整个香港地区的侵占。

1894年中日甲午战争爆发以后，清军节节败退。港英当局认为有机可乘，正式提出了展拓界址的主张。1894年11月9日，香港总督威廉·罗便臣（William Robinson）以香港"防务安全"为由，向殖民部建议将香港界址展拓到大鹏湾、深圳湾一线。他说："应当在中国从失败中恢复过来之前，向它强行提出这些要求。"1895年5月，英国海陆军联合委员会发表《关于香港殖民地边界的报告》，再次提出扩界要求，并立即得到陆海军大臣赞同。1898年3月，英国政府决定以法国租借广州湾为借口，向清政府提出展拓香港界址的要求。

1898年4月2日，中英双方就香港扩界问题开始谈判。谈判地点在清政府的总理衙门（遗址在北京东城区东堂子胡同49号）。英国驻华公使窦纳乐（C. M. MacDonald）在谈判过程中，不断对中方谈判代表李鸿章等施加压力，强迫中方接受他提出的扩界范围和条约方案。李鸿章等被迫接受英方主张，仅仅要求保留对九龙城的管辖权。

1898年6月9日，中英《展拓香港界址专条》在北京签字。该条约于7月1日"开办施行"。通过《专条》的签订，英国强租了沙头角海至深圳湾最短距离直线以南、界限街以北广大地区、附近大小岛屿235个以及大鹏湾、深圳湾水域，为期九十九年。此次"租借"，陆地面积达975.1平方公里，较原香港行政区扩大约十一倍，水域较前扩大四、五十倍。这些被强租的中国领土和领水后被称为香港新界，约占广东省新安县面积的三分之二。

刘蜀永：《香港史话》，社会科学出版社，1998年版

沙头角孤军

　　1938年10月，日军大举进犯广九铁路，并动用飞机、大炮猛烈进攻宝安县县城。县城失陷后，国民政府失散的队伍中央炮兵连、一五一师九零四连和虎门卫士队等单位一千余人，退守沙头角，统一改编成若干营，由刘儒团长任总指挥，继续抵抗。沙头角孤军在四面受敌的情况下，仍坚决表示要抗战到底。一个十五岁的上士对官长表示：决将死在沙头角，不回家乡！

　　由于与大部队失去联络，寡不敌众，从1938年11月底开始，900多名沙头角孤军陆续退入港界沙头角。港英当局将他们解除武装，用"利航"轮运到九龙马头涌难民营软禁。此后，他们被称为"香港中国孤军"，或"香港孤军"。

　　1941年12月日军进攻香港的战争爆发后，中国驻港军事代表陈策将军即发动港九同胞协助英军抗战，还向港英当局提出迅速武装"孤军营"中国士兵的建议。这批具有实战经验的中国孤军，本应是香港抗击日军的生力军，但港英当局对陈策的建议不置可否。直到九龙失守前夕，"孤军营"中所剩500多名中国士兵才获发还枪械，出营参加战斗。

香港地方志办公室/深圳地方志办公室：《中英街与沙头角禁区》，和平图书有限公司，2012年版

中英街往事

特区中的「特区」

日本投降后，英国恢复深港边界的信函

中英边界勘察报告

1946年4月27日和29日

4月27日，星期六，我在边界东段检查了沙头角的八个界标，随行的是中国高级测量员黄汉先生。我发现，在这些界标中，只有前两个完整无缺、状况良好。其余六个已经连同底座一起被拔除并且在距离它们原址一段距离的不同地方全部被找到，就这样形成了干燥的碎石垛墙。

在沙头角观察发现，中国人建立了他们自己的边界界标，在边界上距离英国一面几英尺的地方装有一面旗。视察期间中国士兵或官员都未遇到任何困难。

（签名）S. C. 柯林斯

土地测量员

1946年5月2日

香港总督杨慕琦给广州总领事的函

SEC 1/2911/46
香港礼宾府
1946年5月17日

阁下：

　　我很荣幸地给您写信，就有关沙头角华界和英租界之间的边界划定问题进行探讨。

　　在沙头角附近的全部八个界碑中，目前只有两个位于正确的位置上。其余六个则被置于距离它们原址一段距离的不同地方。

　　人们注意到了一点，即在边界处距离英国一边几英尺的地方已经竖立了一块新的界碑。有人认为，对边界所做的任何再标记都应该在与适当的中国当局取得紧密联络之后进行，因此，如果您能邀请广东省政府说明他们正式授权的代表何时何地最方便针对当前问题与本政府的一名代表会面，我将万分感激。

　　谨启

　　　　　　　　　　　　　　　　　　　总督　杨慕琦
　　　　　　　　　　　　　　　　　　　英国国王陛下的总领事
　　　　　　　　　　　　　　　　　　　广州

英国广州总领事哈尔写给香港总督的复函一

英国驻广州总领事馆

1946年8月12日

参考文献编号66（5/72－16/46）

阁下：

　　谨向您提及7月22日第三人的6号（1/2911/46）急件，该信件要求对有关沙头角华界和英租界之间的边界划定问题做出答复。

　　1. 我再三恳请罗卓英主席尽早回复笔者。我获知，当许多政府部门参与进来时，在8月10日举行的省政府会议之前是不可能得到任何答复的。现在我明白，已经无法改变的是，如果没有高级负责人的参与，省政府是不能解决这个问题的，因此，这个问题已提交到最高国防委员会等待裁决。

　　2. 据悉，与此同时，一名普通测量员也可能被派往沙头角勘察这个问题。

　　3. 在省政府任职的岳云先生参加了中缅边界委员会，缅甸因占领该领域达两个季节并且卷入了佤族部落小战役而遭受了严重的困难，因此他可能会过度强调这项举措的潜在困难。

　　谨启

总领事 罗纳德·哈尔

香港

香港礼宾府总督

G.C.K.G.杨卡克先生

阁下

相关附录

罗卓英主席致英国驻广州总领事函

译本参考信函编号为Man Yee15856

阁下于1946年08月01日发函，表示希望我们能够对任命官员处理沙头角地界问题的事宜尽早做出回复，我很荣幸告诉您，自1946年05月28日收到贵函后，该问题已通过电报呈递至袁总执行长处等待批复，现已下令区政府调查此事并做出答复。一旦得到回复，必将致函并随后派遣人员赴港解决相关事宜。

省政府主席 罗卓英（签名）

1946年08月22日

中英街往事 特区中的「特区」

香 港
关于拓展香港殖民地界址的函件和其他文件

受命于总督阁下，拟订于立法局前
总督致殖民地部大臣

香港总督府

香港，1899年3月17日

阁下：

1. 我很荣幸地通知您，广东总督委派王存善先生协助九龙北部边界拓界勘界事宜，他于本月10日到达，并于11日与骆克先生进行了会面。他于本月12日返回广东与总督商讨，并于本月14日返回再次与骆克先生会面，提出必须以深圳河为界的建议。这是他获允解决此事的最后界线。

2. 他与骆克先生来到这里，我们为这件事情讨论了两个多小时。我试图向他摆明深圳和沙头角划入租界范围内无论对中国还是这个政府相互都是有好处的。我还向他指出如果是这样，这些地方将仍会向中国人作最大限度的开放，就像目前这样。但如果这些地方不获转让的话，租界区里习惯于依靠这些地方的中国居民便会与之隔离。但很明显，他已经有令不允许接受这些。于是我反复思考了，正式同意以深圳河作为暂时的边界，将我们对于北部山脉的边界的迫切需求留到北京再进一步考虑。我写了一份协议，中国委员和骆克先生都在上面签了字。我已经很详尽地向窦纳乐爵士解释这个情况，并且送给他一份地图副本，另外附寄了一份已划定的边界地区的精确测量的副本。暂时的边界用红色标记，建议的边界用蓝色标记。我丝毫不怀疑，如果拥有了提及的两个镇将会给殖民地区带来极大的方便。但是在进一步协商之前，决定以深圳河为界，将使我能够先接管领土，这样我将尽快完成必要的准备，安排警察和长官在那里。日期决定后我将电话通知您。

3. 我听说群众有反抗情绪而发生冲突的报告。大鹏湾地区的居民没有良好的信誉，在升国旗的时候有必要召开一个会议显示一下武力。

4. 我想所有的属于中国政府的公共建筑都要移交给这个政府，同时所有中国官员要从租界地迁走，并且他们的权力和责任也将在国旗升起的那一刻终止。

5. 我附上骆克先生寄给我的信件副本，其中附件是关于他与中国政府指定的定界委员谈判的进展情况，以资参考。

您最忠实、谦逊的仆人

卜力

尊敬的张伯伦阁下

附件1：

关于1899年3月17日总督电报中的协议

　　谨同意将流经深圳至沙头角的河流作为边界线。它的源流从沙头角西北部至大鹏湾，正好流到沙头角的西部；河流的北岸作为边界。租界涵盖深圳和沙头角的问题留到北京作进一步协商。

骆　克

王存善

1899年3月14日

附件2：

骆克先生致总督

第428号 辅政司办公室

香港，1899年3月16日

阁下：

　　1. 我很荣幸地收到阁下于本月11日签署的文书，在殖民地大臣指示下委派我代表大英帝国确定香港拓界边界的指令。

　　2. 根据这个文书，我已经和中国政府指定的定界委员就香港殖民地拓界进行了两次会面。

　　3. 我很高兴地告知在经过许多困难后，我已经说服中国定界代表同意将深圳河北岸至源头作为英国和中国两国领土间的边界。在新的拓展中能够取得对那条河的完全掌控对于我来说是满意的，这条河在专条粘附地图中是不在大英帝国的租界范围内的。非常有必要指出的是，如果没有对这条河的完全掌控，租界的发展将会面临很大的困难。

　　4. 在我于10月8日呈交殖民地部的报告中，我强烈建议深圳镇应该包括在租借地之内，我为我的建议陈述了相当的原因。我附上该报中关于此事情部分的副本。自从该报告就我对此事的看法修过以来，都没有事情发生过。我相信，以大英帝国的利益着想，英国驻北京公使将能以外交抗议的方式确保将深圳镇，甚至沙头角镇包括在英界之内。

　　5. 我现今正开始与中国定界代表划定双方同意的边界，该边界于本月14日在总统府阁下面前所签署的协议中已提及，副本也一同附上。我将在适当的时候报告我们任务的结果。

您最忠实、谦逊的仆人

骆克

附件3：

骆克先生致总督

第16号 辅政司办公室
香港，1899年3月20日

阁下：

1. 我很荣幸地告之，在工务局局长奥姆斯比先生的陪同下，我于上周四（16日）前往大鹏湾处理中国租借给大英帝国新领土的勘界事宜。

2. 本月17日早晨在沙头角海，我与中国政府委任的代表中国完成定界事务的官员进行了会面。

3. 在本月18日完成了勘界工作后，当天我返回了香港。

本月19日，我与中国政府委派的官员进行了会面，我们都在备忘录上签了名，备忘录上清楚地确定了新租界的范围。

4. 在备忘录里确定的边界在我所附草图上有标明。这份草图是由工务局局长奥姆斯比先生准备的，在划分一条令人满意的边界事宜方面，他给我提供了很大的帮助。

5. 我和中国代表王先生在今天进行了最后会面。

您最忠实、谦逊的仆人

骆克

元宵节舞鱼灯习俗

　　元宵节是春节后我们过的第一个传统佳节。在各地的节日风俗中，尤以元宵节赏花灯的场面最为热烈。唐代时，长安的灯市非常热闹。唐代诗人苏味道的《正月十五夜》诗云："火树银花合，星桥铁锁开。暗尘随马去，明月逐人来。"描绘了灯月交辉，游人如织，热闹非凡的场景。宋代，元宵夜更是盛况空前，苏东坡诗云："灯火家家有，笙歌处处楼。"

　　在元宵节夜形态各异的花灯中，最为抢眼的是鱼龙灯。这一传统习俗在我国历史悠久。东汉时，张衡在《西京赋》中就有描写鱼化龙、

中英街往事
特区中的「特区」

沙头角鱼灯舞
中作"黄鲢角"和
鲤鱼表演的双人舞
（中英街历史博物
馆 提供）

龙化鱼的生动记载。大约1700多年前，在西汉京都长安，鱼灯、龙灯及鱼龙文艺盛极一时。宋朝词人辛弃疾在《青玉案·元夕》诗词中，曾赞美元宵节时民间艺人通宵达旦舞鱼龙灯时的盛况。其实，鱼龙舞是鱼灯和龙灯混合表演的舞蹈。它和分布在广东深圳沙头角的鱼灯舞、广东梅州大埔县百侯的鲤鱼灯舞，以及福建莆田的九鲤鱼灯舞均有异曲同工之妙。以上3个不同地区、不同称谓的舞蹈均为鱼龙相伴的舞蹈，只是没有叫做"鱼龙舞"。仔细观察，鱼龙舞的称谓更为准确。我分析，3地的鱼灯舞、鲤鱼灯舞和九鲤鱼灯舞和宋代的鱼龙舞有着千丝万缕的联系。即元宵节的鱼龙舞皆来源于古代源远流长的崇鲤观念。

古人崇鲤观念的萌芽

鱼龙舞之所以能够成为古代节日文化所展现的重要表演习俗，它源于古人的崇鲤观念。这一观念甚至可以追溯到原始社会。半坡氏族公社时期，先民们对鲤鱼的崇拜是古人崇鲤观念的源头。它源于最初的捕鱼生产。人们把对鲤鱼无法解释的自然现象加以神话，将鲤鱼看作生活中的神鱼加以膜拜，并发展到以鱼为图腾的原始巫术舞蹈。这种发轫于巫术的原始舞蹈对后世的鱼龙舞的形成产生了较大的影响。

根据文献记载，鲤鱼是我国流传最广的吉祥物。对鲤鱼的崇拜古代早已有之。《史记·周本记》上载有："周王朝有鸟、鱼之瑞"。相传春秋时，孔子的夫人生下一男孩，恰巧有人送几尾鲤鱼来，孔子"嘉以为瑞"，于是，为儿子起名鲤，表字伯鱼（《太平御览》卷九三五引《风俗通》）。可见，以鲤为祥瑞的习俗在春秋已经普及，这与《史记·周本记》关于周朝之兴有鸟鱼之瑞的记载是吻合的。从商代晚期的出土文物可知，鱼形玉器明显增多，成为我国鱼形玉器出现的高峰期。它反映了商代时人们的崇鱼观。在我国古代文献、神话传说、民间故事中均可以找到关于鱼灯的记载。南朝梁元帝萧绎曾作《对灯赋》称赞它："本知龙灯应无偶，复讶鱼灯有旧名"。为什么人们在元宵节看到的民间艺人表演的鱼龙舞总是鱼龙相伴而彼此不弃不离，鱼和龙之间有着什么样的关系？

鲤鱼跳龙门的传说

元宵节表演的鱼龙舞总是鱼龙相随，给人们留下了"鱼龙混杂"的印象。其实，鱼龙一家。宋代《埤雅·释鱼》："俗说鱼跃龙门，过而为龙，唯鲤或然"。也就是说，只有鲤鱼才具有跃龙门这种本领。《本草纲目》："鲤为诸鱼之长，形状可爱，能神变，常飞跃江湖"。清代《三秦江》记载："江海大鱼薄集龙门下，数千，不得上。上则为龙，不上者为鱼，故云曝腮龙肝"。唐朝大诗人李白，专门为鲤鱼跳龙门写了一首诗："黄河三尺鲤，本在孟津居，点额不成龙，归来伴凡鱼"。

按照民间传说，凡跳过龙门的鲤鱼即可变成龙，即与《西京赋》"鱼化龙"相吻合；没有跳过龙门的鲤鱼"归来伴凡鱼"，是否为"龙化鱼"的再现呢？无论是"鱼化龙"还是"龙化鱼"均反映了"鱼龙合一"它们之间极为特殊的关系。"归来伴凡鱼"的既不是原来的鲤鱼，也不是飞过龙门的飞龙，而是在"鱼化龙"中经过变异的一种非鱼非龙的神物——鳌鱼。这一变异在传说故事中却是以鲤鱼"偷吞了海里的龙珠"实现的。

"相传在远古时代，鲤鱼想跳过龙门，飞入云端升天化为龙，但由于它们偷吞了海里的龙珠，只能变成龙头鱼身，称之谓鳌鱼"。鱼龙的特殊关系在深圳沙头角鱼灯舞和莆田九鲤鱼灯舞中均有反映。而且，鳌鱼形象基本一致，均保持了龙头、龙角、龙须，但鳌鱼的身上却布满鱼鳞、保留着鱼尾。鳌鱼的形象与"鱼化龙"或"龙化鱼"的传说有一定的内在联系。"鲤鱼跳龙门"的传说故事在我国流传很广，它为我们研究鱼龙文化及其演变提供了重要史料和线索。

中英街往事 特区中的「特区」

中国民间传说"鲤鱼跳龙门"
（资料图片）

民间传说中的
"鱼化龙、龙化鱼"图
（资料图片）

国家级非物质文化遗产沙头角鱼灯舞代表性传承人吴观球（资料图片）

省级非物质文化遗产沙头角鱼灯舞代表性传承人吴天其（资料图片）

沙栏吓村鱼灯舞早期传承人吴马生（资料图片）

中英街往事 特区中的「特区」

鱼龙灯舞是活化石

沙头角鱼灯舞其实就是南宋"鱼龙灯"的发展，是研究民俗文化活的社会化石。鱼龙灯舞传承千百年而不衰，蕴含着丰富的文化内涵。这些鱼灯舞既有相互联系的共性，又具有鲜明的个性。下面仅以闽粤地区的鱼灯舞为例：

沙头角鱼灯舞是清康熙年间，从粤东北地区迁入深圳沙头角的民间艺术。从北方鱼灯文化兴起的时间和吴氏族人南迁的历史分析，鲤鱼灯舞迁入粤地的时间，应始于吴氏族人迁入广东境内的泰伯第七十一代先祖吴宥。即从北宋开始，鱼灯舞就已经开始盛行。南宋时，吴氏宗族吴宥偕子带到粤东北大埔县湖寮村，清康熙年间再南迁至沙头角滨海地区定居。

据清康熙二十七年（1688年）《新安县志》"风俗"章节记载："元宵张灯作乐"是民间习俗之一。沙头角鱼灯舞也正是在元宵节表演的广场舞蹈。其表演形式以众鱼围绕"神鱼"黄鲢角展开，其"鱼龙混杂"的表演源远流长，源于原始的鱼祭巫术舞蹈。整个舞蹈呈现了群鱼献祭的主题。其中，舞蹈的重点角色"黄鲢角"即为鳌鱼的化身。

据当地老人吴马生回忆："吴姓清字辈已有鱼灯舞"。根据沙栏吓吴氏三世祖（贤字辈所处年代为清朝乾隆年间）吴希贤的墓碑刻文记载：

"吴清意，享寿93岁，龙马精神，芝兰满目，膝下班衣戏绿"。此碑刻印证了吴马生老人"吴姓清字辈已有鱼灯舞"的回忆。

其显著特征为"鳌鲤一体"

广东省梅州市大埔县百侯镇的鲤鱼灯舞也被称作"五鲤跳龙门"。五鲤由一雄四雌组成，唯一的一条雄鱼即青色的鳌鱼。但鲤鱼灯舞的鳌鱼仍是表演者举的一种青色鲤鱼来代替，只是表演者有特定的装扮。据说，当地的鲤鱼灯舞始于240多年以前，是族人杨缵绪从陕西带来的。此人是清康熙辛丑进士，乾隆二十二年（1812年）任陕西按察使。

大埔县侯南村鲤鱼灯舞在传入南粤的时间上接近沙头角鱼灯舞，距今已有300年的历史。该鲤鱼灯舞来源于民间传说。据传说大禹治水后，万民庆贺，有五尾金鲤溯河而上，前来庆贺，力跃龙门。舞蹈分为："出草""相会""游戏""交尾""冲浪""跳龙门""庆祝"7个小节。

该鲤鱼灯舞保留着清晰的传说故事。舞蹈由5位年轻的女子表演。从舞蹈保留的汉乐、汉服等汉文化现象分析，鲤鱼灯舞深受汉代乐舞百戏的影响。汉代的乐舞百戏，其"舞伎多见头梳高髻，穿紧身上衣、长袖，齐膝短裙或宽松长裤，凸显舞者的形体之美，以便表达轻柔或刚烈的情感。长而委地的束腰舞衣，限制了下肢的激烈动作，便于表达委婉飘逸、娴静婀娜的舞姿，以腰部和手、袖动作为主"。大埔百侯的鲤鱼灯舞仍延续了汉代"束腰舞衣"的基本特点。尤其是表演鳌鱼的女子头上戴得头圈前的尖状物，颇有原始面具遗风。尤其是"鳌鱼"和"鲤鱼"的外形保持一致。

福建省莆田市黄石镇沟边村的九鲤鱼灯舞，源于唐代"百戏"。它成于宋元，盛于明清，距今已有千余年历史，是从正月元宵节的节灯中分化而来。表演时，九条不同的鱼在龙珠灯的引导下出场。它是一对儿长柄龙珠灯，主要作用在导引九鲤飞跃龙门。为了达到这一目的，还专

相关附录

门制作了一座龙门道具。

据清朝吴震方《岭南杂记》中记载"潮州灯节"就有"鱼龙之戏"。它与莆田黄石镇现存元宵节舞"九鲤"的时间相同。由于"鱼龙之戏"和"九鲤鱼灯舞"相似，因此，有人认为"九鲤鱼灯舞"极有可能是当地人去潮州做生意，或做官时从潮州带回莆田的民间舞蹈。因为，"九鲤鱼灯舞"只限于莆田黄石镇沟边村。看似孤立发展的九鲤鱼灯舞，实际上仍与外界的鱼灯文化具有一定的联系。我于2013年9月赴莆田考察时，发现当地的九鲤鱼灯舞和深圳沙头角的鱼灯舞无论在舞蹈动作，还是在鱼龙组合上均有着惊人的相似。

我国元宵节舞鱼灯的文化历史悠久，源远流长。无论是沙头角鱼灯舞、大埔百侯鲤鱼灯舞，还是福建莆田的九鲤鱼灯舞，它们虽然地域不同，却属于元宵节花灯民俗文化的组成部分。虽然表演人数各异，但均有鳌鱼和众鱼相伴，源于"鲤鱼跳龙门"的传说故事，并具有"鱼龙舞"的文化特征。

我以为，在"鱼龙舞"中，鱼龙一体。"鳌鱼"即传说中未跃过"龙门"的变异的"鱼化龙"（所谓变异即没有完全变成龙）。沙头角鱼灯舞的"黄鲶角"中的"鲶"和"角"具有典型的"鱼龙一体"的身影。

毋庸置疑，经过千年的发展，粤闽地区的鱼灯舞与中原古代文化和民俗节日中的鱼龙舞有着密切关系，是研究民俗文化的活化石。它在漫长的历史发展和变迁中，不断吸收地方文化的精华，经过融合发展，才成为我们今天在元宵节花灯中所看到的精彩纷呈的鱼龙灯舞。

孙宵：《元宵时节舞鱼灯》，《百科知识》2016年第4期

中英街往事
特区中的「特区」

中英街警世钟铭

　　遥想当年，国运凋零。英伦称霸，四海横行，以鸦片为先导，荼毒华夏；以炮舰为后盾，城下逼盟：《南京条约》割让香港；《北京条约》强占九龙；一八九八，"租借"新界。悲夫，清廷丧权辱国，屡屡剜肉饲鹰。

　　从此，国恨家仇，系于沙头角；民族耻辱，凝聚中英街。昔日同村乡里，倏然异域分身。阡陌依旧相连，却畴勘畛划，形同陌路；界碑赫然而立，若利刃穿胸，痛彻心肝。天何如是之苍苍兮，地何如是之茫茫；悲何如是之深重兮，痛何如是之断肠！

　　欣世纪中叶，中华解放。中华人民共和国巍然屹立，令国人气舒眉扬。

　　更堪慰改革开放，百业勃兴；深圳特区，大鹏翱翔。沙头角，近水楼台，先得风气；中英街，向阳花木，早沐春光。店铺林立，万商云集；价廉物美，满目琳琅，堪称"一街两制"，无愧"购物天堂"。呜呼，一街之兴衰，关乎国势；百年之荣辱，窥于一斑。难忘一九九七，香港回归祖国。珠还合浦，百年梦圆。

　　值此世纪之交，谨铸警世之钟，乃告诫于后世子孙：国弱民穷，定遭凌辱；殷鉴在滋，国耻勿忘；报效祖国须发奋，振兴中华赖自强。是为铭。

　　　孙霄：《中英街的形成与变迁》，深圳报业集团出版社，2008年版

参考文献

1. 清康熙《新安县志》卷之十二《艺文志》

2. 黄伟祥等主编：《宝安县志》，广东人民出版社，1997年版

3. 饶久才著：《香港地名探索》，天地图书有限公司，1998年版

4. 邓开颂、陆晓敏等：《粤港关系史》，麒麟书业有限公司，1997年版

5. 张卫东等编著：《客家研究》，同济大学出版社，1989年版

6. 苏伟光主编：《深圳民间歌谣》（广东卷，深圳分册），1990年版

7. 吴裕成著：《中国的井文化》，天津人民出版社，2002年版

8. 夏思义撰：《十约：沙头角地区的定居与政治》，载于刘义章：《香港客家》，广西师范大学出版社，2005年版

9. 香港北区区议会出版：《北区风物志》，1994年版

10. 李志刚撰："香港客家教会的发展和贡献"，《香港客家》，广西师范大学出版社，2005年版

11. 陈昕等主编：《香港全记录》，上海人民出版社，1997年版

12. 刘蜀永编著：《割占九龙（香港历史问题资料选评）》，三联书店（香港）有限公司

13. 刘蜀永主编：《简明香港史》，三联书店（香港）有限公司，1998年版

14. 余绳武编著：《割占香港岛（香港历史问题资料选评）》，三联书店（香港）有限公司，1997年4月版

15. 刘存宽编著：《租借新界（香港历史问题资料选评）》，三联书店（香港）有限公司，1997年版

16. 王铁崖主编：《中外旧约章汇编》第一册，生活•读书•新知三联书店，1957年版

17. 萧国健著：《香港历史与社会》，香港教育图书公司，1994年版

18. 香港历史档案资料："卜力给英国殖民地部大臣张伯伦信函等资料"

19. 蔡德麟编著：《深港关系史话》，海天出版社，2007年版

20. 高添强：《香港今昔》（新版），三联书店（香港）有限公司，2005年版

21. 陈诗启著：《中国近代海关史》，人民出版社，2002年8月版

22. 《中国近代海关历史文件汇编》第6卷，1868年7月20日

23. 孙霄著：《中英街的形成与变迁》，深圳报业集团出版社，2008年版

24. 深圳市史志办公室著：《中国共产党深圳历史》第一卷，中共党史出版社，2007年版

25. 何小林主编：《东江纵队志》，解放军出版社，2003年版

26. 广东省档案馆馆藏资料：《测量沙头角中英街会议记录》

27. 广东省档案馆馆藏资料：《测量沙头角中英街会议记录》

参考文献

28. 陈向兰著：《黄金街寻梦——中英街时空跨越》，海天出版社，1993年版

29.《习仲勋主政广东》编委会著：《习仲勋主政广东》，中共党史出版社，2007年版

30. 深圳博物馆编：《深圳经济特区创业史》，人民出版社，1995年6月版

31. 深圳博物馆编：《古代深圳》，文物出版社，2010年3月版

32. 南方都市报编著：《深港关系四百年》，海天出版社，2007年版

33. 宗道一等编著：《周南口述：遥想当年羽扇纶巾》，齐鲁书社，2007年版

34. 张连兴著：《香港二十八总督》，朝华出版社，2007年7月版

35. 陈南江：《中英街旅游发展的问题分析与对策研究》，2008年版

36. 刘智鹏、丁新豹、刘蜀永著：《中国概况·香港》，外文出版社，2016年5月版

37. 刘智鹏主编：《潮起潮落——中英街记忆》，和平图书有限公司，2010年7月版

38. 刘智鹏、黄玲、孙霄主编：《中英街与沙头角禁区》，和平图书有限公司，2012年版

后记

在香港回归20周年到来之际，能够参与深圳报业集团出版社策划的"我们深圳"丛书，并撰写《中英街往事：特区中的"特区"》一书，深感荣幸。因为，它让我重温了中英街历史和对往事的回忆。

2018年是盐田建区20周年，这也是一件可喜可贺的事。1998年3月30日，盐田区成立后，政府即投资1000多万元建设了中英街历史博物馆，因此，《中英街往事：特区中的"特区"》的付梓出版，也正好了却了笔者讲好"盐田故事"的心愿。

时光荏苒。香港回归祖国20年了。笔者有幸在中英街度过香港回归后的17年（1998—2015）。感恩深圳，感恩盐田，感恩所有曾支持和帮助过我的领导、师长和朋友，正是因为有了你们的支持，才让我圆了"中英街之梦"。

寄希望在未来粤港澳大湾区的规划和建设中，文博事业能够取得新的发展。也希望我曾参与策划的2016年纳入文化部港澳文化交流重要项目——深圳"中英街3·18警示日"活动能够与香港青少年互动，不断推陈出新，结出硕果。本书所用个别图片由于不清楚来源，如有问题请与作者联系。

孙霄

2017.4.17

后记

总策划/出版人：胡洪侠
策划编辑：孔令军　王　杰
责任编辑：岳鸿雁
技术编辑：杨　杰　林洁楠
装帧设计：杨　军　任　敏

图书在版编目（ＣＩＰ）数据

中英街往事：特区中的特区 / 孙霄著. —— 深圳：深
圳报业集团出版社，2018.10（2020.1重印）
ISBN 978-7-80709-838-6

Ⅰ.①中… Ⅱ.①孙… Ⅲ.①区（城市）–深圳市–
地方史 Ⅳ.①K296.54

中国版本图书馆CIP数据核字(2018)第228705号

《我们深圳》文丛
深圳市文化创意产业发展专项资金资助项目

中英街往事：特区中的"特区"

Zhongyingjie Wangshi　Tequ zhong de Tequ

孙霄　著

深圳报业集团出版社出版发行
（深圳市福田区商报路2号　518034）
深圳市国际彩印有限公司印制
新华书店经销

开本：889mm×1230mm 1/32
字数：300千字
版次：2018年10月第1版　2020年1月第2次印刷
印张：10.75
ISBN 978-7-80709-838-6
定价：55.00元